AF542683

SURENA, TRAGEDIE
PAR P. CORNEILLE.

SURENA GENERAL DES PARTHES,

TRAGEDIE.

Suivant la Copie imprimée

A PARIS,

CIↃ IↃC LXXVI.

AU LECTEUR.

Le sujet de cette Tragédie est tiré de Plutarque, & d'Appian Alexandrin. Ils disent tous deux que Suréna étoit le plus noble, le plus riche, le mieux fait, & le plus vaillant des Parthes. Avec ces qualitez, il ne pouvoit manquer d'estre un des prémiers Hommes de son Siécle, & si je ne m'abuse, la peinture que j'en ai faite ne l'a point rendu méconnoissable. Vous en jugerez.

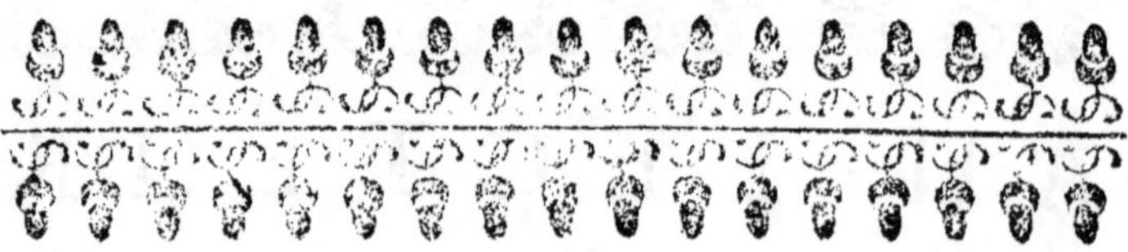

ACTEURS.

ORODE, *Roy des Parthes.*

PACORUS, *Fils d'Orode.*

SURENA, *Lieutenant d'Orode, & General de son Armée contre Crassus.*

SILLACE, *Autre Lieutenant d'Orode.*

EURIDICE, *Fille d'Artabase Roy d'Arménie.*

PALMIS, *Sœur de Suréna.*

ORMENE, *Dame d'honneur d'Euridice.*

La Scene est à Séleucie, sur l'Euphrate.

SURENA GENERAL DES PARTHES, *TRAGEDIE.*

ACTE I.

SCENE I.

EURIDICE, ORMENE.

EURIDICE.

NE me parle plus tant de joye & d'Hyménée,
Tu ne sçais pas les maux où je suis condamnée,
Orméne, c'est icy que doit s'éxécuter
Ce Traité qu'à deux Rois il a plû d'arréter,
Et l'on a préféré cette superbe Ville,
Ces murs de Séleucie, aux murs d'Hécatompyle;
La Reine & la Princesse en quittent le séjour,
Pour rendre en ces beaux lieux tout son lustre à la Cour;
Le Roy les mande exprés, le Prince n'attend qu'elles,
Et jamais ces climats n'ont veu pompes si belles.
Mais que servent pour moy tous ces préparatifs,

Si mon cœur est esclave, & tous ses vœux captifs?
Si de tous ces efforts de publique allegresse
Il se fait des sujets de trouble & de tristesse?
J'aime ailleurs.

ORMENE.

Vous, Madame?

EURIDICE.

Orméne, je l'ay teu,
Tant que j'ay pû me rendre à toute ma vertu.
N'espérant jamais voir l'Amant qui m'a charmée,
Ma flame dans mon cœur se tenoit renfermée,
L'absence & la raison sembloient la dissiper,
Le manque d'espoir mesme aidoit à me tromper,
Je creus ce cœur tranquille, & mon devoir sévére
Le préparoit sans peine aux loix du Roy mon pére,
Au choix qui luy plairoit, mais, ô Dieux! quel tourment,
S'il faut prendre un époux aux yeux de cet Amant!

ORMENE.

Aux yeux de vostre Amant!

EURIDICE.

Il est temps de te dire,
Et quel malheur m'accable, & pour qui je soupire;
Le mal qui s'évapore en devient plus leger,
Et le mien avec toy cherche à se soulager.
Quand l'avare Crassus, Chef des troupes Romaines,
Entreprit de dompter les Parthes dans leurs Plaines,
Tu sçais que de mon pére il brigua le secours,
Qu'Orode en fit autant au bout de quelques jours,
Que pour Ambassadeur il prit ce Héros mesme
Qui l'avoit sceu venger & rendre au Diadéme.

ORMENE.

Ouy, je vy Suréna vous parler pour son Roy,
Et Cassius pour Rome avoir le mesme employ;
Je vy de ces Etatz l'orgueilleuse puissance
D'Artabase à l'envy mendier l'assistance,
Ces deux grands intérests partager vostre Cour,
Et des Ambassadeurs prolonger le séjour.

EURIDICE.

Tous deux ainsi qu'au Roy me rendirent visite,
Et j'en connus bien-tost le différent mérite.
L'un fier, & tout gonflé d'un vieux mépris des Rois,
Sembloit pour compliments nous apporter des loix:
L'autre par les devoirs d'un respect légitime
Vengeoit le sceptre en nous de ce manque d'estime.
L'amour s'en mesla mesme, & tout son entretien
Sembla m'offrir son cœur & demander le mien:
Il l'obtint, & mes yeux que charmoit sa presence
Soudain avec les siens en firent confidence;
Ces muets truchements sçeurent luy révéler
Ce que je me forçois à luy dissimuler,
Et les mesmes regards qui m'expliquoyent sa flame
S'instruisoient dans les miens du secret de mon ame.
Ses vœux y rencontroient d'aussi tendres desirs,
Un accord impréveu confondoit nos soupirs,
Et d'un mot échapé la douceur hazardée
Trouvoit l'ame en tous deux toute persuadée.

ORMENE.

Cependant est-il Roy, Madame?

EURIDICE.

Il ne l'est pas,
Mais il sçait rétablir les Rois dans leurs Etats.
Des Parthes le mieux fait d'esprit, & de visage,
Le plus puissant en biens, le plus grand en courage.
Le plus noble, joins y l'amour qu'il a pour moy,
Et tout cela vaut bien un Roy qui n'est que Roy.
Ne t'éfarouche point d'un feu dont je fais gloire,
Et souffre de mes maux que j'achéve l'histoire.
L'amour sous les dehors de la civilité
Profita quelque temps des longueurs du Traité,
On ne soupçonna rien des soins d'un si grand hôme,
Mais il fallut choisir entre le Parthe & Rome.
Mon pére eut ses raisons en faveur du Romain,
J'eus les miennes pour l'autre, & parlay mesme en vain.
Je fus mal écoutée, & dans ce grand ouvrage

On ne daigna peser, ny conter mon suffrage.
Nous fusmes donc pour Rome, & Suréna confus
Emporta la douleur d'un indigne refus,
Il m'en parut émeu, mais il sçeut se contraindre,
Pour tout ressentiment il ne fit que nous plaindre,
Et comme tout son cœur me demeura soumis,
Nostre Adieu ne fut point un Adieu d'ennemis.
Que servit de flater l'espérance détruite?
Mon pére choisit mal, on l'a veu par la suite,
Suréna fit périr l'un & l'autre Crassus,
Et sur nostre Arménie Orode eut le dessus,
Il vint dans nos Etatz fondre comme un tonnerre;
Hélas! j'avois préveu les maux de cette guerre,
Et n'avois pas conté parmy ses noirs succés
Le funeste bonheur que me gardoit la paix.
Les deux Rois l'ont concluë, & j'en suis la victime,
On m'améne épouser un Prince magnanime,
Car son mérite enfin ne m'est point inconnu,
Et se feroit aimer d'un cœur moins prévenu;
Mais quand ce cœur est pris, & la place occupée,
Des vertus d'un rival en vain l'ame est frapée,
Tout ce qu'il a d'aimable importune les yeux,
Et plus il est parfait, plus il est odieux.
Cependant j'obéis, Ormene, je l'épouse,
Et de plus..

ORMENE.

Qu'auriez-vous de plus?

EURIDICE.

Je suis jalouse.

ORMENE.

Jalouse! quoy, pour comble aux maux dont je vous plains...

EURIDICE.

Tu vois ceux que je souffre, appren ceux que je crains.
Orode fait venir la Princesse sa fille,
Et s'il veut de mon bien enrichir sa famille,
S'il veut qu'un double Hymen honore un mesme jour,
Conçoy mes déplaisirs, je t'ay dit mon amour.
C'est

C'est bien assez, ô Ciel, que le pouvoir supréme
Me livre en d'autres bras aux yeux de ce que j'aime,
Ne me condamne pas à ce nouvel ennuy
De voir tout ce que j'aime entre les bras d'autruy.

ORMENE.

Vostre douleur, Madame, est trop ingénieuse.

EURIDICE.

Quand on a commencé de se voir malheureuse,
Rien ne s'offre à nos yeux qui ne fasse trembler,
La plus fausse apparence a droit de nous troubler,
Et tout ce qu on prévoit, tout ce qu'on s'imagine,
Forme un nouveau poison pour une ame chagrine.

ORMENE.

En ces nouveaux poisons trouvez-vous tant d'appas,
Qu'il en faille faire un d'un Hymen qui n'est pas?

EURIDICE.

La Princesse est mandée, elle vient, elle est belle,
Un vainqueur des Romains n'est que trop digne d'elle,
S'il la voit, s'il luy parle, & si le Roy le veut...
J'en dis trop, & déja tout mon cœur qui s'émeut...

ORMENE.

A soulager vos maux appliquez mesme étude,
Qu'à prendre un vain soupçon pour une certitude;
Songez par ou l'aigreur s'en pourroit adoucir.

EURIDICE.

J'y fais ce que je puis, & n'y puis réussir
N'osant voir Suréna qui régne en ma pensée
Et qui me croit peut-estre une ame intéressée,
Tu vois quelle amitié j'ay faite avec sa sœur:
Je croy le voir en elle, & c'est quelque douceur,
Mais legére, mais foible, & qui me géne l'ame
Par l'inutile soin de luy cacher ma flame.
Elle la sçait sans doute, & l'air dont elle agit
M'en demande un aveu dont mon devoir rougit,
Ce frére l'aime trop pour s'estre caché d'elle;
N'en use pas de mesme, & sois moy plus fidelle,
Il suffit qu'avec toy j'amuse mon ennuy:

Toutefois, tu n'as rien à me dire de luy,
Tu ne ſçais ce qu'il fait, tu ne ſçais ce qu'il penſe,
Une ſœur eſt plus propre à cette confiance.
Elle ſçait s'il m'accuſe, ou s'il plaint mon malheur,
S'il partage ma peine, ou rit de ma douleur,
Si du vol qu'on luy fait il m'eſtime complice,
S'il me garde ſon cœur, ou s'il me rend juſtice.
Je la voy, force la, ſi tu peux, à parler,
Force moy, s'il le faut, à ne luy rien celer.
L'oſeray-je, grands Dieux, ou plutoſt le pourray-je?

ORMENE.

L'amour, dés qu'il le veut, ſe fait un privilége,
Et quand de ſe forcer ſes deſirs ſont laſſez,
Luy-meſme à n'en rien taire il s'enhardit aſſez.

SCENE II.

EURIDICE, PALMIS, ORMENE.

PALMIS.

J'Apporte icy, Madame, une heureuſe Nouvelle,
Ce ſoir la Reine arrive.

EURIDICE.

Et Mandane avec elle?

PALMIS.

On n'en fait aucun doute.

EURIDICE.

Et Suréna l'attend
Avec beaucoup de joye, & d'un eſprit content?

PALMIS.

Avec tout le reſpect qu'elle a lieu d'en attendre.

EURIDICE.

Rien de plus?

PALMIS.

Qu'à de plus un Sujet à luy rendre?

EURIDICE.

Je ſuis trop curieuſe, & devrois mieux ſçavoir
Ce qu'aux filles des Rois un Sujet peut devoir.
Mais de pareils Sujets ſur qui tout l'Etat roule

Se font assez souvent distinguer de la foule,
Et je sçay qu'il en est, qui, si j'en puis juger,
Avec moins de respect sçavent mieux obliger.

PALMIS.

Je n'en sçay point, Madame, & ne croy pas mon frére
Plus sçavant que sa sœur en un pareil mystére.

EURIDICE.

Passons. Que fait le Prince ?

PALMIS.

En véritable Amant
Doutez-vous qu'il ne soit dans le ravissement,
Et pourroit-il n'avoir qu'une joye imparfaite,
Quand il se voit toucher au bonheur qu'il souhaite ?

EURIDICE.

Peut-estre n'est-ce pas un grand bonheur pour luy,
Madame, & j'y craindrois quelque sujet d'ennuy.

PALMIS.

Et quel ennuy pourroit mesler son amertume
Au doux & plein succés du feu qui le consume ?
Quel chagrin a dequoy troubler un tel bonheur ?
Le don de vostre main...

EURIDICE.

La main n'est pas le cœur.

PALMIS.

Il est maistre du vostre.

EURIDICE.

Il ne l'est point, Madame,
Et mesme je ne sçay s'il le sera de l'ame,
Jugez aprés cela quel bon-heur est le sien.
Mais achevons, de grace, & ne deguisons rien,
Sçavez-vous mon secret?

PALMIS.

Je sçay celuy d'un frére.

EURIDICE.

Vous sçavez donc le mien. Fait-il ce qu'il doit faire!
Me hait-il ? & son cœur justement irrité
Me rend il sans regret ce que j'ay mérité ?

PALMIS.

Ouy, Madame, il vous rend tout ce qu'une grande [ame
Doit au plus grand mérite & de zéle & de flame.

EURIDICE.

Il m'aimeroit encor!

PALMIS.

C'est peu de dire aimer,
Il souffre sans murmure, & j'ay beau vous blasmer,
Luy-méme il vous défend, vous excuse sans cesse.
Elle est fille, & de plus, dit-il, elle est Princesse.
Je sçay les droits d'un pere, & connois ceux d'un Roy,
Je sçay de ses devoirs l'indispensable loy,
Je sçay quel rude joug dés sa plus tendre enfance
Imposent à ses vœux son rang & sa naissance:
Son cœur n'est pas exempt d'aimer, ny de haïr,
Mais qu'il aime, ou haïsse, il luy faut obéir,
Elle m'a tout donné ce qui dépendoit d'elle,
Et ma reconnoissance en doit estre éternelle.

EURIDICE.

Ah, vous redoublez trop par ce discours charmant
Ma haine pour le Prince, & mes feux pour l'Amant,
Finissons le, Madame, en ce malheur extrème
Plus je hay, plus je souffre, & souffre autant que j'aime.

PALMIS.

N'irritons point vos maux & changeons d'entretien.
Je sçay vostre secret, sachez aussi le mien.
Vous n'étes pas la seule à qui la Destinée
Prépare un long supplice en ce grand Hyménée.
Le Prince...

EURIDICE.

Au nom des Dieux ne me le nommez pas.
Son nom seul me prépare à plus que le trépas.

PALMIS

Un tel excès de haine!

EURIDICE.

Elle n'est que trop deuë
Aux mortelles douleurs dont m'accable sa veuë,

PAL-

PALMIS.

Et bien, ce Prince donc qu'il vous plaist de haïr,
Et pour qui vostre cœurs s'apreste à se trahir,
Ce Prince qui vous aime, il m'aimoit.

EURIDICE.

L'infidelle!

PALMIS.

Nos vœux étoient pareils, nostre ardeur mutüelle,
Je l'aimois.

EURIDICE.

Et l'ingrat brise des nœuds si doux!

PALMIS.

Madame, est il des cœurs qui tiennent contre [vous?
Est il vœux, ny sermens qu'ils ne vous sacrifient?
Si l'ingrat me trahit, vos yeux le justifient,
Vos yeux qui sur moy-mesme ont un tel ascendant.

EURIDICE.

Vous demeurez à vous, Madame, en le perdant,
Et le bien d'estre libre aisément vous console
De ce qu'a d'injustice un manque de parole;
Mais je deviens esclave, & tels sont mes malheurs,
Qu'en perdant ce que j'aime, il faut que j'aime ailleurs.

PALMIS.

Madame, trouvez-vous ma fortune meilleure?
Vous perdez vostre Amant, mais son cœur vous demeure,
Et j'éprouve en mon sort une telle rigueur,
Que la perte du mien m'enléve tout son cœur.
Ma conqueste m'échape où les vostres grossissent,
Vous faites des captifs des miens qui s'affranchissent,
Vostre Empire s'augmente où se détruit le mien,
Et de toute ma gloire il ne me reste rien.

EURIDICE.

Reprenez vos captifs, rasseurez vos conquestes,
Rétablissez vos loix sur les plus grandes testes,
J'en seray peu jalouse, & préfére à cent Rois

La douceur de ma flame, & l'éclat de mon choix:
La main de Suréna vaut mieux qu'un diadéme.
Mais dites-moy, Madame, est-il bien vray qu'il m'aime,
Dites, & s'il est vray, pourquoy fuit-il mes yeux?

PALMIS.

Madame, le voici qui vous le dira mieux.

EURIDICE.

Juste Ciel, à le voir, déja mon cœur soupire!
Amour, sur ma vertu prens un peu moins d'empire.

SCENE III.

EURIDICE SURENA.

EURIDICE.

Je vous ay fait prier de ne me plus revoir,
Seigneur, vostre présence étonne mon devoir,
Et ce qui de mon cœur fit toutes les délices
Ne sçauroit plus m'offrir que de nouveaux supplices
Osez-vous l'ignorer; & lors que je vous voy
S'il me faut trop souffrir, souffrez-vous moins que moy?
Souffrons-nous moins tous deux pour soupirer ensemble?
Allez, contentez-vous d'avoir veu que j'en tremble,
Et du moins par pitié d'un triomphe douteux
Ne me hazardez plus à des soupirs honteux.

SURENA.

Je sçay ce qu'à mon cœur coutera vostre veuë,
Mais qui cherche à mourir doit chercher ce qui tuë,
Madame, l'heure approche, & demain vostre foy
Vous fait de m'oublier une éternelle loy,
Je n'ay plus que ce jour, que ce moment de vie:
Pardonnez à l'amour qui vous la sacrifie,
Et souffrez qu'un soupir exhale à vos genoux,
Pour ma derniére joye, une ame toute à vous.

EU-

EURIDICE.

Et la mienne, Seigneur, la jugez-vous si forte,
Que vous ne craigniez point que ce moment l'emporte,
Que ce mesme soupir qui tranchera vos jours
Ne tranche aussi des miens le déplorable cours ?
Vivez, Seigneur, vivez, afin que je languisse,
Qu'à vos feux ma langueur rende long-temps justice ;
Le trépas à vos yeux me sembleroit trop doux,
Et je n'ay pas encore assez souffert pour vous.
Je veux qu'un noir chagrin à pas lents me consume,
Qu'il me fasse à longs traits gouster son amertume,
Je veux, sans que la mort ose me secourir.
Toujours aimer, toujours souffrir, toujours mourir.
Mais pardonneriez-vous l'aveu d'une foiblesse
A cette douloureuse & fatale tendresse ?
Vous pourriez-vous, Seigneur, resoudre à soulager
Un malheur si pressant, par un bonheur leger ?

SURENA.

Quel bonheur peut dépendre icy d'un miserable,
Qu'aprés tant de faveurs son amour mesme accable?
Puis je encor quelque chose en l'état où je suis ?

EURIDICE.

Vous pouvez m'épargner d'assez rudes ennuis.
N'épousez point Mandane, exprés on l'a mandée,
Mon chagrin, mes soupçons m'en ont persüadée ;
N'adjoustez point, Seigneur, à des malheurs si grands
Celuy de vous unir au sang de mes tyrans,
De remettre en leurs mains le seul bien qui me reste,
Vostre cœur ; un tel don me seroit trop funeste,
Je veux qu'il me demeure, & malgré vostre Roy,
Disposer d'une main qui ne peut estre à moy.

SURENA.

Plein d'un amour si pur & si fort que le nostre,
Aveugle pour Mandane, aveugle pour toute autre,

Com-

Comme je n'ay plus d'yeux vers elles à tourner,
Je n'ay plus ny de cœur, ny de main à donner.
Je vous aime & vous perds. Aprés cela, Madame,
Seroit-il quelque Hymen que pûst souffrir mon ame?
Seroit-il quelques nœuds où se pust attacher
Le bonheur d'un Amant qui vous étoit si cher,
Et qu'à force d'amour vous rendez incapable
De trouver sous le Ciel quelque chose d'aimable?

EURIDICE.

Ce n'est pas là de vous, Seigneur, ce que je veux.
A la Postérité vous devez des neveux,
Et ces illustres morts, dont vous tenez la place,
Ont assez mérité de revivre en leur race.
Je ne veux pas l'éteindre, & tiendrois à forfait,
Qu'il m'en fust échapé le plus leger souhait.

SURENA.

Que tout meure avec moy, Madame. Que m'importe
Qui foule aprés ma mort la Terre qui me porte?
Sentiront-ils percer par un éclat nouveau,
Ces illustres Ayeux, la nuit de leur tombeau?
Respireront-ils l'air où les feront revivre
Ces neveux qui peut estre auront peine à les suivre,
Peut-estre ne feront que les deshonorer,
Et n'en auront le sang que pour dégénérer?
Quand nous avons perdu le jour qui nous éclaire,
Cette sorte de vie est bien imaginaire,
Et le moindre moment d'un bonheur souhaité
Vaut mieux qu'une si froide & vaine éternité.

EURIDICE.

Non, non, je suis jalouse, & mon impatience
D'affranchir mon amour de toute défiance,
Tant que je vous verray maistre de vostre foy,
La croira réservée aux volontez du Roy:
Mandane aura toujours un plein droit de vous plaire,
Ce sera l'épouser que de le pouvoir faire,
Et ma haine sans cesse aura dequoy trembler,
Tant que par là mes maux pourront se redoubler.
Il faut qu'un autre hymen me mette en assûrance.

N'y

N'y portez, s'il se peut, que de l'indifférence,
Mais par de nouveaux feux deussiez-vous me trahir,
Je veux que vous aimiez afin de m'obeïr : [ge,
Je veux que ce grand choix soit mon dernier ouvra-
Qu'il tienne lieu vers moy d'un éternel hommage,
Que mon ordre le régle, & qu'on me voye enfin
Reine de vostre cœur, & de vostre destin ;
Que Mandane, en dépit de l'espoir qu'on lui donne,
Ne pouvant s'élever jusqu'à vostre personne,
Soit réduite à descendre à ces malheureux Rois,
A qui, quand vous voudrez vous donnerez des loix.
Et n'appréhendez point d'en regretter la perte; [te,
Il n'est Cour sous les Cieux qui ne vous soit ouver-
Et par tout vostre gloire a fait de tels éclats,
Que les filles de Roy ne vous manqueront pas.

SURENA. [Monde,

Quand elles me rendroient maistre de tout un
Absolu sur la Terre, & souverain sur l'Onde,
Mon cœur..

EURIDICE.

N'achevez point, l'air dont vous commencez
Pourroit à mon chagrin ne plaire pas assez,
Et d'un cœur qui veut estre encor sous ma puissance
Je ne veux recevoir que de l'obéïssance.

SURENA.

A qui me donnez-vous ?

EURIDICE.

Moy ? Que ne puis-je, Hélas !
Vous oster à Mandane, & ne vous donner pas,
Et contre les soupçons de ce cœur qui vous aime,
Que ne m'est-il permis de m'assûrer moy-mesme !
Mais adieu, je m'egare.

SURENA.

Où doy-je recourir,
O Ciel, s'il faut toujours aimer, souffrir, mourir ?

Fin du prémier Acte.

ACTE

ACTE II.

SCENE I.

PACORUS, SURENA.

PACORUS.

SUréna, vostre zéle a trop servi mon pére,
Pour m'en laisser attendre un devoir moins sincére,
Et si prés d'un Hymen qui doit m'estre assez doux,
Je mets ma confiance & mon espoir en vous.
Palmis avec raison de cet Hymen murmure,
Mais je puis réparer ce qu'il luy fait d'injure,
Et vous n'ignorez pas qu'à former ces grands nœuds
Mes pareils ne sont point tout à fait maistres d'eux.
Quand vous voudrez tous deux attacher vos tendresses,
Il est des Rois pour elle, & pour vous des Princesses,
Et je puis hautement vous engager ma foy,
Que vous ne vous plaindrez du Prince, ny du Roy.

SURENA.

Cessez de me traiter, Seigneur, en mercénaire,
Je n'ay jamais servi par espoir de salaire,
La gloire m'en suffit, & le prix que reçoit....

PACORUS.

Je sçay ce que je dois, quand on fait ce qu'on doit,
Et si de l'accepter ce grand cœur vous dispense,
Le mien se satisfait alors qu'il récompense.
J'épouse une Princesse, en qui les doux accords
Des graces de l'esprit avec celles du corps
Forment le plus brillant & plus noble assemblage
Qui puisse orner une ame, & parer un visage.
Je n'en dis que ce mot, & vous sçavez assez
Quels en sont les attraits, vous qui la connoissez.
Cette Princesse donc, si belle, si parfaite,

Je

Je crains qu'elle n'ait pas ce que plus je ſouhaite,
Qu'elle manque d'amour, ou pluſtoſt, que ſes vœux
N'aillent pas tout-à-fait du coſté que je veux.
Vous qui l'avez tant veuë, & qu'un devoir fidelle
A tenu ſi long-temps prés de ſon pére & d'elle,
Ne me déguiſez point ce que dans cette Cour
Sur de pareils ſoupçons vous auriez eu de jour.

SURENA.

Je la voyois, Seigneur, mais pour gagner ſon pére,
C'étoit tout mon employ, c'étoit ma ſeule affaire,
Et je croyois par elle eſtre ſeur de ſon choix,
Mais Rome & ſon intrigue eurent le plus de voix.
Du reſte, ne prenant intéreſt à m'inſtruire,
Que de ce qui pouvoir vous ſervir, ou vous nuire,
Comme je me bornois à remplir ce devoir,
Je puis n'avoir pas veu ce qu'un autre euſt pû voir.
Si j'euſſe preſſenti que, la guerre achevée,
A l'honneur de vos feux elle étoit réſervée,
J'aurois pris d'autres ſoins, & plus éxaminé ;
Mais j'ay ſuivy mon ordre, & n'ay point deviné.

PACORUS.

Quoy ! de ce que je crains vous n'auriez nulle idée ?
Par aucune Ambaſſade on ne l'a demandée ?
Aucnn Prince auprés d'elle, aucun digne Sujet
Par ſes attachemens n'a marqué de projet ?
Car il vient quelquefois du milieu des Provinces
Des Sujets en nos Cours qui valent bien des Princes,
Et par l'objet preſent les ſentimens émeus
N'attendent pas toujours des Rois qu'on n'a point veus.

SURENA.

Durant tout mon ſejour rien n'y bleſſoit ma veuë,
Je n'y rencontrois point de viſite aſſiduë,
Point de devoirs ſuſpects, ny d'entretiens ſi doux,
Que, ſi j'avois aimé, j'en deuſſe eſtre jaloux.
Mais qui vous peut donner cette importune crainte,
Seigneur ?

PACORUS.

Plus je la voy, plus j'y voy de contrainte,
Elle semble, aussi-tost que j'ose en approcher,
Avoir je ne sçay quoy qu'elle me veut cacher.
Non qu'elle ait jusqu'icy demandé de remise :
Mais ce n'est pas m'aimer, ce n'est qu'estre soumise,
Et tout le bon accueil que j'en puis recevoir,
Tout ce que j'en obtiens, ne part que du devoir.

SURENA.

N'en appréhendez rien. Encor toute étonnée,
Toute tremblante encor au seul nom d'Hyménée,
Pleine de son pays, pleine de ses parents,
Il luy passe en l'esprit cent chagrins différents.

PACORUS.

Mais il semble à la voir que son chagrin s'applique
A braver par dépit l'allegresse publique.
Inquiéte, resveuse, insensible aux douceurs
Que par un plein succés l'amour verse en nos cœurs...

SURENA.

Tout cessera, Seigneur, dés que sa foy receuë
Aura mis en vos mains la main qui vous est deuë,
Vous verrez ces chagrins détruis en moins d'un jour,
Et toute sa vertu devénir toute amour.

PACORUS.

C'est beaucoup hazarder que de prendre assûrance
Sur une si legére & douteuse espérance.
Et qu'aura cet amour d'heureux, de singulier,
Qu'à son trop de vertu je devray tout entier ?
Qu'aura-t-il de charmant, cet amour, s'il ne donne
Que ce qu'un triste Hymen ne refuse à personne,
Esclave dédaigneux d'une odieuse loy,
Qui n'est pour toute chaisne attaché qu'à sa foy ?
Pour faire aimer ses loix, l'Hymen ne doit en faire
Qu'afin d'authoriser la pudeur à se taire,
Il faut pour rendre heureux, qu'il donne sans gesner,

Et

Et preste un doux prétexte à qui veut tout donner.
Que sera-ce, grands Dieux! si toute ma tendresse
Rencontre un souvenir plus cher à ma Princesse,
Si le cœur pris ailleurs ne s'en arrache pas,
Si pour un autre objet il soûpire en mes bras?
Il faut, il faut enfin m'éclaircir avec elle.

SURENA.

Seigneur, je l'aperçoy, l'occasion est belle,
Mais si vous en tirez quelque éclaircissement
Qui donne à vostre crainte un juste fondement,
Que ferez-vous?

PACORUS.

J'en doute, & pour ne vous rien feindre,
Je croy m'aimer assez pour ne la pas contraindre;
Mais tel chagrin aussi pourroit me survenir,
Que je l'épouserois afin de la punir.
Un Amant dédaigné souvent croit beaucoup faire,
Quand il rompt le bonheur de ce qu'on luy préfére.
Mais elle approche. Allez. laissez-moy seul agir,
J'aurois peur devant vous d'avoir trop à rougir.

SCENE II.

PACORUS, EURIDICE.

PACORUS.

Quoy, Madame, venir vous-mesme à ma rencontre!
Cet excés de bonté que vostre cœur me montre....

EURIDICE.

J'allois chercher Palmis, que j'aime à consoler
Sur un malheur qui presse, & ne peut reculer.

PACORUS.

Laissez-moy vous parler d'affaires plus pressées,
Et songez qu'il est temps de m'ouvrir vos pensées;
Vous vous abuseriez à les plus retenir.
Je vous aime, & demain l'Hymen doit nous unir,
M'aimez-vous?

EURIDICE.

Ouy, Seigneur, & ma main vous est seure.

PACORUS.

C'est peu que de la main, si le cœur en murmure.

EURIDICE.

Quel mal pourroit causer le murmure du mien,
S'il murmuroit si bas qu'aucun n'en apprist rien ?

PACORUS.

Ah ! Madame, il me faut un aveu plus sincére.

EURIDICE.

Epousez-moy, Seigneur, & laissez-moy me taire,
Un pareil doute offense, & cette liberté
S'attire quelquefois trop de sincérité.

PACORUS.

C'est ce que je demande, & qu'un mot sans contrainte
Justifie aujourd'huy mon espoir, ou ma crainte.
Ah, si vous connoissez ce que pour vous je sens !

EURIDICE.

Je ferois ce que font les cœurs obéissants,
Ce que veut mon devoir, ce qu'attend vostre flame,
Ce que je fais enfin.

PACORUS.

Vous feriez plus, Madame.
Vous me feriez justice, & prendriez plaisir
A montrer que nos cœurs ne forment qu'un desir.
Vous me diriez sans cesse, *ouy, Prince, je vous aime,*
Mais d'une passion comme la vostre extréme,
Je sens le mesme feu, je fay les mesmes vœux,
Ce que vous souhaitez est tout ce que je veux,
Et cette illustre ardeur ne sera point contente,
Qu'un glorieux Hymen n'ait remply nostre attente.

EURIDICE.

Pour vous tenir, Seigneur, un langage si doux,
Il faudroit qu'en amour j'en sçeusse autant que vous.

PACORUS.

Le véritable amour, dés que le cœur soupire,
Instruit en un moment de tout ce qu'on doit dire,

Ce

Ce langage à ses feux n'est jamais importun,
Et si vous l'ignorez, vous n'en sentez aucun.

EURIDICE.

Suppléez-y, Seigneur, & dites vous vous mesme
Tout ce que sent un cœur dès le moment qu'il aime,
Faites vous-en pour moy le charmant entretien,
J'avoûray tout, pourveu que je n'en dise rien.

PACORUS.

Ce langage est bien clair, & je l'entens sans peine.
Au defaut de l'amour auriez-vous de la haine?
Je ne veux pas le croire, & des yeux si charmants...

EURIDICE.

Seigneur, sçachez pour vous quels sont mes sentiments.
Si l'amitié vous plaist, si vous aimez l'estime,
A vous les refuser je croirois faire un crime:
Pour le cœur, si je puis vous le dire entre nous,
Je ne m'aperçoy point qu'il soit encor à vous.

PACORUS.

Ainsi donc ce Traité qu'ont fait les deux Couronnes. ....

EURIDICE.

S'il a pû l'une à l'autre engager nos personnes,
Au seul don de la main son droit est limité,
Et mon cœur avec vous n'a point fait de Traité.
C'est sans vous le devoir que je fais mon possible
A le rendre pour vous plus tendre & plus sensible,
Je ne sçay si le temps l'y pourra disposer,
Mais qu'il le puisse, ou non, vous pouvez m'épouser.

PACORUS.

Je le puis, je le doy, je le veux, mais, Madame,
Dans ces tristes froideurs dont vous payez ma flame,
Quelqu'autre amour plus fort...

EURIDICE.

Qu'osez-vous demander,
Prince?

PACORUS.

De mon bonheur ce qui doit décider.

EURIDICE.

Eſt-ce un aveu qui puiſſe échaper à ma bouche?

PACORUS.

Il eſt tout échapé, puiſque ce mot vous touche.
Si vous n'aviez du cœur fait ailleurs l'heureux don,
Vous auriez moins de geſne à me dire que non,
Et pour me garantir de ce que j'appréhende
La réponſe avec joye euſt ſuivy la demande.
Madame, ce qu'on fait ſans honte & ſans remords
Ne coûte rien à dire, il n'y faut point d'efforts,
Et ſans que la rougeur au viſage nous monte....

EURIDICE.

Ah, ce n'eſt point pour moy que je rougis de honte.
Si j'ay pû faire un choix, je l'ay fait aſſez beau
Pour m'en faire un honneur juſque dans le tombeau,
Et quand je l'avoûray, vous aurez lieu de croire,
Que tout mon avenir en aimera la gloire.
Je rougis, mais pour vous, qui m'oſez demander
Ce qu'on doit avoir peine à ſe perſüader,
Et je ne comprens point avec quelle prudence
Vous voulez qu'avec vous j'en faſſe confidence,
Vous, qui prés d'un Hymen accepté par devoir,
Devriez ſur ce point craindre de trop ſçavoir.

PACORUS.

Mais il eſt fait ce choix qu'on s'obſtine à me taire,
Et qu'on cherche à me dire avec tant de myſtére?

EURIDICE.

Je ne vous le dy point, mais ſi vous m'y forcez,
Il vous en coutera plus que vous ne penſez.

PACORUS.

Et bien, Madame, & bien, ſçachons, quoy qu'il en coûte,
Quel eſt ce grand rival qu'il faut que je redoute.
Dites, eſt-ce un Héros? eſt-ce un Prince? eſt-ce un Roy?

EU-

EURIDICE.

C'eſt ce que j'ay connu de plus digne de moy.

PACORUS.

Si le mérite eſt grand, l'eſtime eſt un peu forte,

EURIDICE.

Vous la pardonnerez à l'amour qui s'emporte,
Comme vous le forcez à ſe trop expliquer,
S'il manque de reſpect, vous l'en faites manquer;
Il eſt ſi naturel d'eſtimer ce qu'on aime.
Qu'on voudroit que par tout on l'eſtimaſt de meſme,
Et la pente eſt ſi douce à vanter ce qu'il vaut,
Que jamais on ne craint de l'élever trop ha t.

PACORUS.

C'eſt en dire beaucoup.

EURIDICE.

Apprenez davantage,
Et ſçachez que l'effort où mon devoir m'engage
Ne peut plus me réduire à vous donner demain,
Ce qui vous étoit ſeur, je veux dire, ma main.
Ne vous la promettez, qu'aprés que dans mon ame
Voſtre mérite aura diſſipé cette flame,
Et que mon cœur charmé par des attraits plus doux
Se ſera répondu de n'aimer rien que vous.
Et ne me dites point que pour cet Hyménée
C'eſt par mon propre aveu qu'on a pris la journée,
J'en ſçay la conſéquence, & différe à regret:
Mais puiſque vous m'avez arraché mon ſecret,
Il n'eſt ny Roy, ny pére, il n'eſt priére, empire,
Qu'au péril de cent mort, mon cœur n'oſe en dedire.
C'eſt ce qu'il n'eſt plus temps de vous diſſimuler,
Seigneur, & c'eſt le prix de m'avoir fait parler.

PACORUS.

A ces bontez, Madame, adjouſtez une grace,
Et du moins attendant que cette ardeur ſe paſſe,
Apprenez-moy le nom de cet heureux Amant,
Qui ſur tant de vertu régne ſi puiſſamment,
Par quelles qualitez il a pû la ſurprendre.

EURIDICE.

Ne me pressez point tant, Seigneur, de vous l'apprendre.
Si je vous l'avois dit...

PACORUS.

Achevons.

EURIDICE.

Dés demain
Rien ne m'empescheroit de luy donner la main.

PACORUS.

Il est donc en ces lieux, Madame?

EURIDICE.

Il y peut estre,
Seigneur, si déguisé qu'on ne le peut connoistre.
Peut-estre en Domestique est-il auprés de moy,
Peut-estre s'est-il mis de la maison du Roy,
Peut-estre chez vous-mesme il s'est réduit à feindre;
Craignez-le dans tous ceux que vous ne daignez craindre,
Dans tous les inconnus que vous aurez à voir,
Et plus que tout encor, craignez de trop sçavoir.
J'en dy trop il est temps que ce discours finisse,
A Palmis que je voy rendez plus de justice,
Et puissent de nouveau ses attraits vous charmer,
Jusqu'à ce que le temps m'apprenne à vous aimer.

SCENE III.

PACORUS, PALMIS.

PACORUS.

MAdame, au nom des Dieux ne venez pas vous plaindre,
On me donne sans vous assez de gens à craindre,
Et je sérois bientost accablé de leurs coups,
N'étoit que pour azyle on me renvoye à vous.
J'obéis, j'y reviens, Madame, & cette joye...

PALMIS.

Que n'y revenez-vous sans qu'on vous y renvoye?

Vostre

Vostre amour ne fait rien, ny pour moy, ny pour luy,
Si vous n'y revenez que par l'ordre d'autruy.

PACORUS

N'est-ce rien que pour vous à cet ordre il défére ?

PALMIS.

Non, ce n'est qu'un dépit qu'il cherche à satisfaire.

PACORUS.

Depuis quand le retour d'un cœur comme le mien
Fait-il si peu d'honneur, qu'on ne le conte à rien ?

PALMIS.

Depuis qu'il est honteux d'aimer un infidelle,
Que ce qu'un mépris chasse un coup d'œil le rappelle,
Et que les inconstants ne donnent point de cœurs,
Sans estre encor tous prests de les porter ailleurs.

PACORUS.

Je le suis, je l'avouë, & mérite la honte
Que d'un retour suspect vous fassiez peu de conte ;
Montrez-vous généreuse, & si mon changement
A changé vostre amour en vif ressentiment,
Immolez un couroux si grand, si légitime,
A la juste pitié d'un si malheureux crime.
J'en suis assez puny sans que l'indignité...

PALMIS.

Seigneur le crime est grand, mais j'ay de la bonté,
Je sçay ce qu'à l'Etat ceux de vostre naissance,
Tous maistres qu'ils en sont, doivent d'obeïssance ;
Son intérest chez eux l'emporte sur le leur,
Et du moment qu'il parle, il fait taire le cœur.

PACORUS.

Non, Madame, souffrez que je vous desabuse,
Je ne mérite point l'honneur de cette excuse,
Ma légéreté seule a fait ce nouveau choix,
Nulles raisons d'Etat ne m'en ont fait de loix,
Et pour traiter la paix avec tant d'avantage
On ne m'a point forcé de m'en faire le gage ;
J'ay pris plaisir à l'estre, & plus mon crime est noir,

Plus l'oubly que j'en veux me fera vous devoir.
Tout mon cœur..

PALMIS.

Entre Amants qu'un changement sépare
Le crime est oublié si-tost qu'on le répare,
Et bien qu'il vous ait plû, Seigneur, de me trahir,
Je le dis malgré moy, je ne vous puis haïr.

PACORUS.

Faites-moy grace entiére, & songez à me rendre
Ce qu'un amour si pur, ce qu'une ardeur si tendre...

PALMIS.

Donnez-moy donc, Seigneur, vous-mesme quelque jour
Quelque infaillible voye à fixer vostre amour,
Et s'il est un moyen....

PACORUS.

S'il en est, ouy, Madame,
Il en est de fixer tous les vœux de mon ame,
Et ce joug qu'à tous deux l'Amour rendit si doux,
Si je ne m'y rattache, il ne tiendra qu'à vous.
Il est pour m'arréter sous un si digne Empire
Un office à me rendre, un secret à me dire.
La Princesse aime ailleurs, je n'en puis plus douter,
Et doute quel rival s'en fait mieux écouter.
Vous étes avec elle en trop d'intelligence,
Pour n'en avoir pas eu toute la confidence;
Tirez-moy de ce doute, & recevez ma foy
Qu'autre que vous jamais ne régnera sur moy.

PALMIS

Quel gage en est-ce (hélas) qu'une foy si peu seure?
Le Ciel la rendra-t-il moins sujette au parjure,
Et ces liens si doux, que vous avez brisez,
A briser de nouveau seront-ils moins aisez?
Si vous voulez, Seigneur, rappeller mes tendresses,
Il me faut des effets, & non pas des promesses,
Et cette foy n'a rien qui me puisse ébranler,
Quand la main seule a droit de me faire parler.

PACORUS.

La main ſeule en a droit! Quand cent troubles m'agitent,
Que la haine, l'amour, l'honneur me ſollicitent,
Qu'à l'ardeur de punir je m'abandonne en vain,
Hélas! ſuis-je en état de vous donner la main?

PALMIS.

Et moy, ſans cette main, Seigneur, ſuis-je maîtreſſe
De ce que m'a daigné confier la Princeſſe,
Du ſécret de ſon cœur? Pour le tirer de moy,
Il me faut vous devoir plus que je ne luy doy,
Eſtre une autre vous-meſme, & le ſeul Hyménée
Peut rompre le ſilence où je ſuis enchaiſnée.

PACORUS.

Ah, vous ne m'aimez plus.

PALMIS.

Je voudrois le pouvoir;
Mais pour ne plus aimer, que ſert de le vouloir,
J'ay pour vous trop d'amour, & je le ſens renaiſtre?
Et plus tendre, & plus fort qu'il n'a du jamais eſtre,
Mais ſi...

PACORUS.

Ne m'aimez plus, où nommez ce rival.

PALMIS.

Me préſerve le Ciel de vous aimer ſi mal.
Ce ſeroit vous livrer à des guerres nouvelles,
Allumer entre vous des haines immortelles...

PACORUS.

Que m'importe, & qu'auray-je à redouter de luy,
Tant que je me verray Suréna pour appuy?
Quel qu'il ſoit, ce rival, il ſera ſeul à plaindre,
Le Vainqueur des Romains n'a point de Rois à craindre.

PALMIS.

Je le ſçai mais, Seigneur, qui vous peut engaget
Aux ſoins de le punir & de vous en venger.
Quand ſon grand cœur charmé d'une belle Princeſſe,

En a sceu mériter l'estime & la tendresse,
Quel Dieu, quel bon Génie a dû luy révéler
Que le vostre pour elle aimeroit à brusler?
A quels traits ce rival a-t-il dû le connoistre,
Respecter de si loin des feux encor à naistre,
Voir pour vous d'autres fers que ceux où vous viviez,
Et lire en vos destins plus que vous n'en sçaviez?
S'il a veu la conqueste à ses vœux exposée,
S'il a trouvé du cœur la sympathie aisée
S'estre emparé d'un bien où vous n'aspiriez pas,
Est-ce avoir fait des vols & des assassinats?

PACORUS.

Je le voy bien, Madame, & vous, & ce cher frére,
Abondez en raisons pour cacher le mystére.
Je parle, promets, prie, & je n'avance rien:
Aussi vostre intérest est préférable au mien,
Rien n'est plus juste, mais...

PALMIS.

Seigneur...

PACORUS.

Adieu, Madame.
Je vous fais trop joüir des troubles de mon ame,
Le Ciel se lassera de m'estre rigoureux.

PALMIS.

Seigneur, quand vous voudrez, il fera quatre heureux.

Fin du second Acte.

ACTE

ACTE III.

SCENE I.

ORODE, SILLACE.

SILLACE.

Je l'ay veu par vostre ordre, & voulu par avance
Pénétrer le secret de son indifférence.
Il m'a paru, Seigneur, si froid, si retenu...
Mais vous en jugerez quand il sera venu.
Cependant je diray que cette retenuë
Sent une ame de trouble & d'ennuis prévenuë,
Que ce calme paroist assez prémédité,
Pour ne répondre pas de sa tranquillité,
Que cette indifférence a de l'inquiétude,
Et que cette froideur marque un peu trop d'étude.

ORODE.

Qu'un tel calme, Sillace, a droit d'inquiéter
Un Roy qui luy doit tant qu'il ne peut s'acquiter!
Un service au dessus de toute récompense
A force d'obliger tient presque lieu d'offense,
Il reproche en secret tout ce qu'il a d'éclat,
Il livre tout un cœur au dépit d'étre ingrat,
Le plus zélé déplaist, le plus utile gesne,
Et l'excés de son poids fait pancher vers la haine.
Suréna de l'exil lui-seul m'a rappellé,
Il m'a rendu luy-seul ce qu'on m'avoit volé.
Mon sceptre; de Crassus il vient de me défaire;
Pour faire autant pour luy quel don puis-je luy faire?
Luy partager mon trosne? il seroit tout à luy,
S'il n'avoit mieux aimé n'en estre que l'appuy.
Quand j'en pleurois la perte il forçoit des murailles,
Quand j'invoquois mes Dieux, il gagnoit des batailles,
J'en frémis, j'en rougis, je m'en indigne, & crains
Qu'il n'ose quelque jour s'en payer par ses mains.

Et dans tout ce qu'il a de nom & de fortune,
Sa fortune me pése, & son nom m'importune.
Qu'un Monarque est heureux quand parmi ses Sujets,
Ses yeux n'ont point à voir de plus nobles objets,
Qu'au dessus de sa gloire il n'y connoist personne,
Et qu'il est le plus digne enfin de sa couronne.

SILLACE.

Seigneur, pour vous tirer de ces perpléxitez,
La saine Politique a deux extrémitez.
Quoy qu'ait fait Suréna, quoy qu'il en faille attendre,
Ou faites le périr, ou faites-en un gendre.
Puissant par sa fortune, & plus par son employ,
S'il devient par l'Hymen l'appuy d'un autre Roy,
Si dans les différens, que le Ciel vous peut faire,
Une femme l'entraisne au party de son pére,
Que vous servira lors, Seigneur, d'en murmurer?
Il faut, il faut le perdre, ou vous en assûrer,
Il n'est point de milieu.

ORODE.

Ma pensée est la vostre,
Mais s'il ne veut pas l'un, pourrai-je vouloir l'autre?
Pour prix de ses hauts faits, & de m'avoir fait Roy,
Son trépas... ce mot seul me fait paslir d'effroy,
Ne m'en parlez jamais, que tout l'Etat périsse,
Avant que jusque-là ma vertu se ternisse,
Avant que je défére à ces raisons d'Etat,
Qui nommeroient justice un si lasche attentat.

SILLACE.

Mais pourquoy luy donner les Romains en partage,
Quand sa gloire, Seigneur, vous donnoit tant d'ombrage?
Pourquoy contre Artabase attacher vos emplois,
Et luy laisser matiére à de plus grands exploits?

ORO-

ORODE.

L'événement, Sillace, a trompé mon attente.
Je voyois des Romains la valeur éclatante,
Et croyant leur défaite impossible sans moy,
Pour me la préparer, je fondis sur ce Roy.
Je creus qu'il ne pourroit à la fois se défendre
Des fureurs de la guerre, & de l'offre d'un gendre,
Et que par tant d'horreurs son peuple épouvanté
Luy feroit mieux gouster la douceur d'un Traité,
Tandis que Suréna, mis aus Romains en butte,
Les tiendroit en balance, ou craindroit pour sa cheute,
Et me réserveroit la gloire d'achever,
Ou de le voir tombant, & de le rélever.
Je réüssis à l'un, & conclus l'alliance,
Mais Suréna vainqueur prévint mon espérance.
A peine d'Artabase eus-je signé la paix,
Que j'appris Crassus mort, & les Romains défaits,
Ainsi d'une si haute & si prompte victoire,
J'emporte tout le fruit, & luy toute la gloire,
Et beaucoup plus heureux que je n'aurois voulu,
Je me fais un malheur d'estre trop absolu.
Je tiens toute l'Asie, & l'Europe en alarmes,
Sans que rien s'en impute à l'effort de mes armes,
Et quand tous mes voisins tremblent pour leurs Etats,
Je ne les fais trembler que par un autre bras.
J'en tremble enfin moi mesme, & pour rémede unique
Je n'y voy qu'une basse & dure Politique,
Si Mandane, l'objet des vœux de tant de Rois,
Se doit voir d'un Sujet le rebut, ou le choix.

SILLACE.

Le rebut! vous craignez, Seigneur, qu'il la réfuse!

ORODE.

Et ne se peut-il pas qu'un autre amour l'amuse,
Et que remply qu'il est d'une juste fierté,
Il n'écoute son cœur plus que ma volonté ?
Le voicy, laissez-nous.

SCENE II.

ORODE, SURENA.

ORODE.

Suréna, vos services
(Qui l'auroit osé croire !) ont pour moy des supplices,
J'en ay honte, & ne puis assez me consoler
De ne voir aucun don qui les puisse égaler.
Suppléez au deffaut d'une réconnoissance,
Dont vos propres exploits m'ont mis en impuissance,
Et s'il en est un prix dont vous fassiez état,
Donnez-moy les moyens d'estre un peu moins ingrat.

SURENA.

Quand je vous ay servy, j'ay reçeu mon salaire,
Seigneur, & n'ay rien fait qu'un Sujet n'ait dû faire,
La gloire m'en demeure, & c'est l'unique prix
Que s'en est proposé le soin que j'en ay pris.
Si pourtant il vous plaist, Seigneur, que j'en demande
De plus dignes d'un Roy, dont l'ame est toute grande ;
La plus haute vertu peut faire de faux pas :
Si la mienne en fait un, daignez ne le voir pas,
Gardez moy des bontez toujours prestes d'éteindre
Le plus juste courroux que j'aurois lieu d'en craindre.
Et si..

ORO-

ORODE.

Ma gratitude oseroit se borner
Au pardon d'un malheur qu'on ne peut deviner,
Qui n'arrivera point, & j'attendrois un crime,
Pour vous montrer le fond de toute mon estime?
Le Ciel m'est plus propice, & m'en ouvre un moyen,
Par l'heureuse union de vostre sang au mien.
D'avoir tant fait pour moy ce sera le salaire.

SURENA.

J'en ay flaté long-temps un espoir téméraire,
Mais puisqu'enfin le Prince...

ORODE.

Il aima vostre sœur,
Et le bien de l'Etat luy dérobe son cœur,
La paix de l'Armenie à ce prix est jurée,
Mais l'injure aisément peut estre réparée,
J'y sçay des Rois touts prests, & pour vous, dés demain
Mandane que j'attens vous donnera la main.
C'est tout ce qu'en la mienne ont mis des Destinées,
Qu'à force de hauts faits la vostre a couronnées.

SURENA.

A cét excés d'honceur rien ne peut s'égaler,
Mais si vous me laissiez liberté d'en parler,
Je vous dirois, Seigneur, que l'amour paternelle
Doit à cette Princesse un thrône digne d'elle,
Que l'inégalité de mon destin au sien
Ravaleroit son sang sans élever le mien,
Qu'une telle union, quelque haut qu'on la mette,
Me laisse encor Sujet, & la rendroit Sujette,
Et que de son Hymen, malgré tous mes hauts faits,
Au lieu de Rois à naistre il naistroit des Sujets.
De quel œil voulez-vous, Seigneur, qu'elle me dône
Une main refusée à plus d'une Couronne,
Et qu'un si digne objet des vœux de tant de Rois
Descende par vostre ordre à cet indigne choix?

Que

Que de mépris pour moy ! que de honte pour elle ?
Non, Seigneur, croyez-en un ſerviteur fidelle,
Si voſtre ſang du mien veut augmenter l'honneur
Il y faut l'union du Prince avec ma ſœur.
Ne le meſlez, Seigneur, au ſang de vos Anceſtres
Qu'afin que vos Sujets en reçoivent des maiſtres :
Vos Parthes dans la gloire ont trop long-temps veſcu
Pour attendre des Rois du ſang de leur vaincu ;
Si vous ne le ſçavez, tout le Camp en murmure,
Ce n'eſt qu'avec dépit que le Peuple l'endure,
Quelles loix euſt pû faire Artabaſe vainqueur
Plus rudes, diſent-ils, meſme à des gens ſans cœur ?
Je les fais taire, mais, Seigneur, à la bien prendre,
C'étoit moins l'attaquer que luy mener un gendre,
Et ſi vous en aviez conſulté leurs ſouhaits,
Vous auriez préféré la guerre à cette Paix.

ORODE.

Eſt-ce dans le deſſein de vous mettre à leur teſte
Que vous me demandez ma grace toute preſte ;
Et de leurs vains ſouhaits vous font-ils le porteur
Pour faire Palmis Reine avec plus de hauteur ?
Il n'eſt rien d'impoſſible à la valeur d'un homme
Qui rétablit ſon maiſtre & triomphe de Rome ;
Mais ſous le Ciel tout change, & les plus valeureux
N'ont jamais ſcureté d'eſtre toujours heureux.
J'ay donné ma parole, elle eſt inviolable,
Le Prince aime Euridice autant qu'elle eſt aimable,
Et s'il faut dire tout, je luy dois cet appuy
Contre ce que Phradate oſera contre luy,
Car tout ce qu'attenta contre moy Mitradate,
Pacorus le doit craindre à ſon tour de Phradate.
Cet eſprit turbulent, & jaloux du pouvoir,
Quoy que ſon frére.

SURENA

Il ſçait que je ſçay mon devoir,
Et n'a pas oublié que dompter des rebelles,
Déthroſner un tyran..

ORO-

ORODE.

Ces actions sont belles,
Mais pour m'avoir remis en état de régner,
Rendent-elles pour vous ma fille à dédaigner?

SURENA.

La dédaigner, Seigneur, quand mon zéle fidelle
N'ose me regarder que comme indigne d'elle!
Osez me dispenser de ce que je vous doy,
Et pour la mériter je cours me faire Roy.
S'il n'est rien d'impossible à la valeur d'un homme
Qui rétablit son maistre & triomphe de Rome,
Sur quels Rois aisément ne pourray je emporter
En faveur de Mandane un sceptre à la doter?
Prescrivez-moy, Seigneur, vous-mesme une conqueste
Dont en prenant sa main je couronne sa teste
Et vous direz aprez si c'est la dédaigner
Que de vouloir me perdre, ou la faire régner.
Mais je suis né Sujet, & j'aime trop à l'estre
Pour hazarder mes jours que pour servir mon maître,
Et consentir jamais qu'un homme tel que moy
Souille par son Hymen le pur sang de son Roy.

ORODE.

Je n'examine point si ce respect déguise.
Mais parlons une fois avec pleine franchise.
Vous étes mon Sujet, mais un Sujet si grand,
Que rien n'est malaisé quand son bras l'entreprend;
Vous possédez sous moy deux provinces entiéres,
De Peuples si hardis, de Nations si fiéres,
Que sur tant de vassaux je n'ay d'authorité
Qu'autant que vostre zéle a de fidélité.
Ils vous ont jusqu'icy suivy comme fidelle,
Et quand vous le voudrez ils vous suivront rebelle.
Vous avez tant de nom que tous les Rois voisins
Vous veulent comme Orode unir à leurs destins:

La

La Victoire chez vous passée en habitude
Met jusque dans ses murs Rome en inquietude :
Par gloire, ou pour braver au besoin mon couroux,
Vous traisnez en tous lieux dix mille ames à vous ;
Le nombre est peu commun pour un train domesti-
que,
Et s'il faut qu'avec vous tout-à-fait je m'explique,
Je ne vous sçaurois croire assez en mon pouvoir,
Si les nœuds de l'Hymen n'enchaisnent le devoir.

SURENA.

Par quel crime, Seigneur, ou par quelle imprudence
Ay-je peu mériter si peu de confiance ?
Si mon cœur, si mon bras pouvoit estre gaigné,
Mitradate & Crassus n'auroient rien épargné,
Tous les deux...

ORODE.

Laissons la Crassus & Mitradate,
Suréna, j'aime à voir que vostre gloire éclate,
Tout ce que je vous doy j'aime à le publier,
Mais quand je m'en souviens vous devez l'oublier.
Si le Ciel par vos mains m'a rendu cet Empire,
Je sçay vous épargner la peine de le dire,
Et s'il met vostre zéle au dessus du commun,
Je n'en suis point ingrat, craignez d'estre importun.

SURENA.

Je reviens à Palmis, Seigneur. De mes hommages
Si les loix du devoir sont de trop foibles gages,
En est-il de plus seurs, ou de plus fortes loix,
Qu'avoir une sœur Reine & des néveux pour Rois?
Mettez mon sang au trosne, & n'en cherchez point
d'autres,
Pour unir à tel point mes intérests aux vostres,
Que tout cet Univers, que tout nostre avenir
Ne trouve aucune voye à les en desunir.

ORODE.

Mais, Suréna, le puis-je aprés la foy donnée ?
Au milieu des apprests d'un si grand Hyménée?
Et rendray-je aux Romains qui voudront me braver
Un

Un amy que la Paix vient de leur enlever ?
Si le Prince renonce au bonheur qu'il espére,
Que dira la Princesse, & que féra son pére ?

SURÉNA.

Pour son pére, Seigneur, laissez m'en le soucy,
J'en répons, & pourrois répondre d'elle aussi.
Malgré la triste Paix que vous avez jurée,
Avec le Prince mesme elle s'est déclarée,
Et si je puis vous dire avec quels sentiments
Elle attend à demain l'effet de vos serments,
Elle aime ailleurs.

ORODE.

Et qui ?

SURENA.

C'est ce qu'elle aime à taire,
Du reste, son amour n'en fait aucun mystére,
Et cherche à reculer les effets d'un Traité
Qui fait tant murmurer vostre peuple irrité.

ORODE.

Est-ce au Peuple, est-ce à vous, Suréna, de me dire,
Pour luy donner des Rois, quel sang je dois élire,
Et pour voir dans l'Etat tous mes ordres suivis,
Est-ce de mes Sujets que je doy prendre avis ?
Si le Prince à Palmis veut rendre sa tendresse,
Je consens qu'il dédaigne à son tour la Princesse,
Et nous verrons aprés quel reméde appórter
A la division qui peut en résulter.
Pour vous, qui vous sentez indigne de ma fille,
Et craignez par respect d'entrer en ma famille,
Choisissez un party qui soit digne de vous,
Et qui sur tout n'ait rien à me rendre jaloux,
Mon ame avec chagrin sur ce point balancée
En veut, & des demain, estre débarrassée.

SURENA.

Seigneur, je n'aime rien.

ORODE.

Que vous aimiez, ou non,
Faites un choix vous mesme, ou souffrez-en le don.

SURENA.

Mais ſi j'aime en tel lieu qu'il m'en faille avoir honte
Du ſecret de mon cœur puis-je vous rendre conte?

ORODE.

A demain, Suréna, s'il ſe peut, dés ce jour,
Réſolvons cet Hymen avec, ou ſans amour.
Cependant allez voir la Princeſſe Euridice,
Sous les loix du devoir raménez ſon caprice,
Et ne m'obligez point à faire à ſes appas
Un compliment de Roy qui ne luy plairoit pas.
Palmis vient par mon ordre, & je veux en apprendre
Dans vos prétentions la part qu'elle aime à prendre.

SCENE III.

ORODE, PALMIS.

ORODE.

Suréna m'a ſurpris, & je n'aurois pas dit
Qu'avec tant de valeur il euſt eu tant d'eſprit:
Mais moins on le prévoit, & plus cet eſprit brille,
Il trouve des raiſons à refuſer ma fille,
Mais fortes, & qui meſme ont ſi bien ſuccédé,
Que s'en diſant indigne il m'a perſuadé.
Sçavez-vous ce qu'il aime? Il eſt hors d'apparence
Qu'il faſſe un tel refus ſans quelque préférence,
Sans quelque objet charmant, dont l'adorable choix
Ferme tout ſon grand cœur au pur ſang de ſes Rois.

PALMIS.

J'ay creu qu'il n'aimoit rien.

ORODE.

Il me l'a dit luy-meſme,
Mais la Princeſſe avoüe, & hautement, qu'elle aime:
Vous étes ſon amie, & ſçavez quel Amant
Dan un cœur qu'elle doit régne ſi puiſſamment.

PALMIS.

Si la Princesse en moy prend quelque confiance,
Seigneur, m'est-il permis d'en faire confidence ?
Reçoit-on des secrets sans une forte loy..

ORODE.

Je croyois qu'elle peust se rompre pour un Roy,
Et veux bien toutefois qu'elle soit si sévére,
Qu'en mon propre intérest elle oblige à se taire;
Mais vous pouvez du moins me répondre de vous.

PALMIS.

Ah, pour mes sentiments je vous les diray tous.
J'aime ce que j'aimois, & n'ay point changé d'ame,
Je n'en fais point secret.

ORODE.

L'aimer encor, Madame !
Ayez-en quelque honte, & parlez-en plus bas,
C'est foiblesse d'aimer qui ne vous aime pas.

PALMIS.

Non, Seigneur, à son Prince attacher sa tendresse,
C'est une grandeur d'ame & non une foiblesse,
Et luy garder un cœur qu'il luy plût mériter
N'a rien d'assez honteux pour ne s'en point vanter
J'en feray toujours gloire, & mon ame charmée
De l'heureux souvenir de m'estre veuë aimée
N'étouffera jamais l'éclat de ces beaux feux
Qu'alluma son mérite, & l'offre de ses vœux.

ORODE

Faites mieux, vangez-vous, il est des Rois, Madame,
Plus dignes qu'un ingrat d'une si belle flame.

PALMIS.

De ce que j'aime encor ce seroit m'éloigner
Et me faire un éxil sous ombre de régner.
Je veux toujours le voir, cet ingrat qui me tuë,
Non pour le triste bien de joüir de sa veuë,
Cette fausse douceur est au dessous de moy
Et ne vaudra jamais que je néglige un Roy.
Mais il est des plaisirs qu'une Amante trahie

Gou-

Gouſte au milieu des maux qui luy coutent la vie.
Je verray l'infidelle, inquiet, alarmé
D'un rival inconnu mais ardamment aimé,
Rencontrer à mes yeux ſa peine dans ſon crime,
Par les mains de l'Hymen dévenir ma victime,
Et ne me regarder dans ce chagrin profond
Que le remords en l'ame, & la rougeur au front.
De mes bontez pour luy l'impitoyable image
Qu'imprimera l'amour ſur mon paſle viſage,
Inſultera ſon cœur, & dans nos entretiens
Mes pleurs & mes ſoupirs rappelleront les ſiens,
Mais qui ne ſerviront qu'à luy faire connoiſtre
Qu'il pouvoit eſtre heureux & ne ſçauroit plus l'eſtre,
Qu'a luy faire trop tard haïr ſon peu de foy,
Et pour tout dire enſemble avoir regret à moy.
Voilà tout le bonheur où mon amour aſpire,
Voilà contre un ingrat tout ce que je conſpire,
Voilà tous les plaiſirs que j'eſpére à le voir,
Et tous les ſentimens que vous vouliez ſçavoir.

OROEE.

C'eſt bien traiter les Rois en perſonnes communes
Qu'attacher à leur rang ces geſnes importunes,
Comme ſi pour vous plaire & les inquiéter
Dans le troſne avec eux l'amour pouvoit monter.
Il nous faut un Hymen pour nous donner des Princes
Qui ſoient l'appuy du ſceptre, & l'eſpoir des Provinces,
C'eſt là qu'eſt noſtre force, & dans nos grands deſtins
Le manque de vengeurs enhardit les mutins.
Du reſte, en ces grands nœuds l'Etat qui s'intéreſſe
Ferme l'œil aux attraits & l'ame à la tendreſſe,
La ſeule Politique eſt ce qui nous émeut,
On la ſuit, & l'amour s'y meſle comme il peut:
S'il vient, on l'applaudit; s'il manque, on s'en conſole,
C'eſt dont vous pouvez croire un Roy ſur ſa parole,
Nous ne ſommes point faits pour dévenir jaloux,
N'y pour eſtre en ſoucy ſi le cœur eſt à nous.

Ne

Ne vous repaissez plus de ces vaines chiméres
Qui ne font les plaisirs que des ames vulgaires,
Madame, & que le Prince aye, ou non, à souffrir;
Acceptez un des Rois que je puis vous offrir.

PALMIS.

Pardonnez-moy, Seigneur, si mon ame alarmée,
Ne veut point de ces Rois dont on n'est point aimée
J'ay creu l'estre du Prince, & l'ay trouvé si doux
Que le souvenir seul m'en plaist plus qu'un époux.

ORODE

N'en parlons plus, Madame, & dites à ce frére
Qui vous est aussi cher que vous me seriez chére,
Que parmy ses respects il n'a que trop marqué...

PALMIS.

Quoy, Seigneur?

ORODE.

Avec luy je croy m'estre expliqué,
Qu'il y pense, Madame, Adieu.

PALMIS.

Quel triste augure!
Et que ne me dit point cette ménace obscure!
Sauvez ces deux Amants, ô Ciel, & détournez
Les soupçons que leurs feux peuvent avoir donnez!

Fin du troisiéme Acte.

ACTE

ACTE IV.

SCENE I.

ORMENE, EURIDICE.

ORMENE.

Ouy, vostre intelligence à demy-découverte
Met vostre Suréna sur le bord de sa perte,
Je l'ay sçeu de Sillace, & j'ay lieu de douter
Qu'il n'ait, s'il faut tout dire, ordre de l'arréter.

EURIDICE.

On n'oseroit, Orméne, on n'oseroit.

ORMENE.

Madame,
Croyez-en un peu moins vostre fermété d'ame,
Un Héros arrété n'a que deux bras à luy,
Et souvent trop de gloire est un débile appuy.

EURIDICE.

Je sçay que le mérite est sujet à l'envie,
Que son chagrin s'attache à la plus belle vie,
Mais sur quelle apparence oses-tu présumer
Qu'on pourroit...

ORMENE.

Il vous aime, & s'en est fait aimer.

EURIDICE.

Qui l'a dit...

ORMENE.

Vous & luy, c'est son crime & le vostre.
Il refuse Mandane, & n'en veut aucune autre,
On sçait que vous aimez, on ignore l'Amant,
Madame, tout cela parle trop clairement.

EURIDICE.

Ce sont de vains soupçons qu'avec moy tu hazardes.

SCE-

SCENE II.

EURIDICE, PALMIS, ORMENE.

PALMIS.

MAdame, à chaque porte on a posé des Gardes,
Rien n'entre, rien ne sort qu'avec ordre du Roy.

EURIDICE.

Qu'importe, & quel sujet en prenez-vous d'effroy;

PALMIS.

Ou quelque grand orage à nous troubler s'apreste,
Ou l'on en veut, Madame, à quelque grande teste.
Je tremble pour mon frére.

EURIDICE.

A quel propos trembler?
Un Roy qui luy doit tout, voudroit-il l'accabler?

PALMIS.

Vous le figurez-vous à tel point insensible,
Que de son alliance un réfus si visible.

EURIDICE.

Un si rare service a sçeu le prévenir,
Qu'il doit récompenser avant que de punir.

PALMIS.

Il le doit, mais aprés une pareille offense,
Il est rare qu'on songe à la reconnoissance,
Et par un tel mépris le service effacé
Ne tient plus d'yeux ouverts sur ce qui s'est passé.

EURIDICE.

Pour la sœur d'un Heros, c'est estre bien timide.

PALMIS.

L'Amante a-t'elle droit d'estre plus intrépide?

EURIDICE.

L'Amante d'un Héros aime à luy ressembler,
Et voit ainsi que luy ses perils sans trembler.

PALMIS.

Vous vous flatez, Madame, elle a de la tendresse,

Que leur idée étonne, & leur image blesse,
Et ce que dans sa perte elle prend d'intéreſt,
Ne ſçauroit sans desordre en attendre l'Arreſt.
Cette maſle vigueur de conſtance héroique,
N'eſt point une vertu dont le ſexe ſe pique,
Ou s'il peut juſque là porter ſa fermeté,
Ce qu'il appelle amour n'eſt qu'une dureté.
Si vous aimiez mon frére, on verroit quelque alarme,
Il vous échaperoit un ſoupir, une larme,
Qui marqueroient du moins un ſentiment jaloux,
Qu'une ſœur ſe monſtraſt plus ſenſible que vous.
Dieux! je donne l'éxemple, & l'on s'en peut défendre!
Je le donne à des yeux qui ne daignent le prendre!
Auroit-on jamais creu qu'on pûſt voir quelque jour
Les nœuds du ſang plus forts que les nœuds de l'amour?
Mais j'ay tort, & la perte eſt pour vous moins amére.
On recouvre un Amant plus aiſément qu'un frére,
Et ſi je perds celuy que le Ciel me donna,
Quand j'en recouvrerois, ſeroit-ce un Suréna?

EURIDICE.

Et ſi j'avois perdu cet Amant qu'on menace,
Seroit-ce un Suréna qui rempliroit ſa place?
Penſez-vous qu'expoſée à de ſi rudes coups,
J'en ſoupire au dedans, & tremble moins que vous,
Mon intrépidité n'eſt qu'un effort de gloire,
Que tout fier qu'il paroiſt, mon cœur n'en veut pas croire,
Il eſt tendre, & ne rend ce tribut qu'à regret,
Au juſte & dur orgüeil qu'il dément en ſecret.
Ouy, s'il en faut parler avec une ame ouverte,
Je penſe voir déja l'appareil de ſa perte,
De ce Héros ſi cher, & ce mortel ennuy
N'oſe plus aſpirer qu'à mourir avec luy.

PAL-

PALMIS.

Avec moins de chaleur vous pourriez bien plus faire,
Acceptez mon Amant pour conserver mon frére,
Madame, & puisqu'enfin il vous faut l'épouser,
Taschez par Politique à vous y disposer.

EURIDICE.

Mon amour est trop fort pour cette Politique,
Tout entier on l'a veu, tout entier il s'explique;
Et le Prince sçait trop ce que j'ay dans le cœur,
Pour recevoir ma main comme un parfait bonheur;
J'aime ailleurs, & l'ay dit trop haut pour m'en dé-
Avant qu'en sa faveur tout cet amour expire; [dire,
C'est avoir trop parlé, mais deust se perdre tout,
Je me tiendray parole, & j'iray jusqu'au bout.

PALMIS.

Ainsi donc vous voulez que ce Héros périsse?

EURIDICE.

Pourroit-on en venir jusqu'à cette injustice!

PALMIS.

Madame, il répondra de toutes vos rigueurs,
Et du trop d'union où s'obstinent vos cœurs.
Rendez heureux le Prince, il n'est plus sa victi-
me.
Qu'il se donne à Mandane, il n'aura plus de crime.

EURIDICE.

Qu'il s'y donne, Madame, & ne m'en dise rien,
Ou si son cœur encor peut dépendre du mien,
Qu'il attende à l'aimer que ma haine cessée
Vers l'amour de son frére ait tourné ma pensée;
Resolvez-le vous-mesme à me desobéïr,
Forcez-moy, s'il se peut, moy-mesme à le haïr,
A force de raisons faites-m'en un rebelle,
Accablez-le de pleurs pour le rendre infidelle,
Par pitié, par tendresse appliquez tous vos soins
A me mettre en état de l'aimer un peu moins;
J'acheveray le reste. A quelque point qu'on aime,
Quand le feu diminuë il s'éteint de lui mesme.

PALMIS.

Le Prince vient, Madame, & n'a pas grand besoin
Dans son amour pour vous d'un odieux témoin :
Vous pourrez mieux sans moy flater son espérance,
Mieux en nostre faveur tourner sa déférence,
Et ce que je prevoy me fait assez souffrir,
Sans y joindre les vœux qu'il cherche à vous offrir.

SCENE II.

PACORUS, EURIDICE, ORMENE.

EURIDICE.

Est-ce pour moy, Seigneur, qu'on fait garde à vos portes ?
Pour assûrer ma fuite, ay-je icy des escortes ?
Ou si ce grand Hymen pour ses derniers aprests...

PACORUS.

Madame, ainsi que vous chacun a ses secrets.
Ceux que vous honorez de vostre confidence,
Observent par vostre ordre un généreux silence,
Le Roy suit vostre éxemple, & si c'est vous géner,
Comme nous devinons, vous pouvez deviner.

EURIDICE.

Qui devine est souvent sujet à se méprendre.

PACORUS.

Si je devine mal, je sçais à qui m'en prendre,
Et comme vostre amour n'est que trop évident,
Si je n'en sçay l'objet, j'en sçay le confident.
Il est le plus coupable, un Amant peut se taire,
Mais d'un Sujet au Roy, c'est crime qu'un mystére.
Qui connoit un obstacle au bonheur de l'Etat,
Tant qu'il le tient caché, commet un attentat.
Ainsi ce confident... vous m'entendez, Madame,
Et je voy dans les yeux ce qui se passe en l'ame.

EURIDICE.

S'il a ma confidence, il a mon amitié,
Et je luy doy, Seigneur, du moins quelque pitié.

PA-

PACORUS.

Ce ſentiment eſt juſte, & meſme je veux croire
Qu'un cœur comme le voſtre à droit d'en faire gloire.
Mais ce trouble, Madame, & cette émotion
N'ont-ils rien de plus fort que la compaſſion?
Et quand de ſes périls l'ombre vous intéreſſe,
Qu'une pitié ſi prompte en ſa faveur vous preſſe,
Un ſi cher confident ne fait-il point douter
De l'Amant ou de luy qui les peut exciter?

EURIDICE.

Qu'importe, & quel beſoin de les confondre enſemble,
Quand ce n'eſt que pour vous aprés tout que je tremble?

PACORUS.

Quoy! vous me menacez moy-meſme à voſtre tour?
Et les emportemens de voſtre aveugle amour...

EURIDICE.

Je m'emporte, & m'aveugle un peu moins qu'on ne penſe,
Pour l'avoüer vous-meſme, entrons en confidence.
Seigneur, je vous regarde en qualité d'Epoux,
Ma main ne ſçauroit eſtre, & ne ſera qu'à vous,
Mes vœux y ſont déja, tout mon cœur y veut eſtre,
Dés que je le pourray, je vous en feray maiſtre,
Et ſi pour s'y réduire il me fait différer,
Cet Amant ſi chéry n'en peut rien eſpérer.
Je ne ſeray qu'à vous, qui que ce ſoit que j'aime,
A moins qu'à vous quitter, vous m'obligiez vous-meſme:
Mais s'il faut que le temps m'apprenne à vous aimer,
Il ne me l'apprendra qu'à force d'eſtimer,
Et ſi vous me forcez à perdre cette eſtime,
Si voſtre impatience oſe aller juſqu'au crime...
Vous m'entendez, Seigneur; & c'eſt vous dire aſſez
D'où me viennent pour vous ces vœux intereſſez.

J'ay part à voſtre gloire, & je tremble pour elle
Que vous ne la ſouilliez d'une tache éternelle,
Que le barbare éclat d'un indigne ſoupçon
Ne faſſe à l'Univers déteſter voſtre nom,
Et que vous ne veuilliez ſortir d'inquiétude
Par une épouvantable & noire ingratitude.
Pourrois-je aprés cela vous conſerver ma foy,
Comme ſi vous étiez encor digne de moy,
Recevoir ſans horreur l'offre d'une couronne
Toute fumante encor du ſang qui vous la donne,
Et m'expoſer en proye aux fureurs des Romains,
Quand pour les repouſſer vous n'aurez plus de mains?
Si Craſſus eſt défait, Rome n'eſt pas détruite,
D'autres ont ramaſſé les débris de ſa fuite,
De nouveaux eſcadrons leur vont enfler leur cœur,
Et vous avez beſoin encor de ſon vainqueur.
Voila ce que pour vous craint une Déſtinée,
Qui ſe doit bien-toſt voir à la voſtre enchaiſnée,
Et deviendroit infame à ſe vouloir unir,
Qu'à des Rois dont on puiſſe aimer le ſouvenir.

PACORUS.

Tout ce que vous craignez eſt en voſtre puiſſance,
Madame, il ne vous faut qu'un peu d'obéiſſance,
Qu'éxécuter demain ce qu'un pére a promis,
L'Amant, le Confident n'auront plus d'ennemis.
C'eſt dequoy tout mon cœur de nouveau vous conjure,
Par les tendres reſpects d'une flâme ſi pure,
Ces aſſidus reſpects, qui ſans ceſſe bravez
Ne peuvent obtenir ce que vous me devez,
Par tout ce qu'a de rude un orgueil infléxible,
Par tous les maux que ſouffre...

EURIDICE.

Et moy, ſuis-je inſenſible?
Livre-t-on à mon cœur de moins rudes combats?
Seigneur, je ſuis aimée, & vous ne l'étes pas;
Mon devoir vous prépare un aſſûré reméde,
Quand il n'en peut ſouffrir au mal qui me poſſéde,

Et pour finir le voſtre, il ne veut qu'un moment,
Quand il faut que le mien dure éternellement.

PACORUS.

Ce moment quelquefois eſt difficile à prendre,
Madame, & ſi le Roy ſe laſſe de l'attendre,
Pour venger le mépris de ſon authorité,
Songez à ce que peut un Monarque irrité.

EURIDICE.

Ma vie eſt en ſes mains, & de ſon grand courage
Il peut montrer ſur elle un glorieux ouvrage.

PACORUS.

Traitez-le mieux de grace, & ne vous alarmez
Que pour la ſeureté de ce que vous aimez:
Le Roy ſçait voſtre foible, & le trouble que porte
Le péril d'un Amant dans l'ame la plus forte.

EURIDICE.

C'eſt mon foible, il eſt vray, mais ſi j'ay de l'amour,
J'ay du cœur, & pourrois le mettre en ſon plein jour.
Ce grand Roy cependant prend une aimable voye
Pour me faire accepter ſes ordres avec joye!
Penſez-y mieux de grace, & ſongez qu'au beſoin,
Un pas hors du devoir nous peut mener bien loin.
Apres ce premier pas, ce pas qui ſeul nous geſne,
L'amour rompt aiſément le reſte de ſa chaiſne,
Et tyran à ſon tour du devoir mépriſé
Il s'applaudit long-temps du joug qu'il a briſé.

PACORUS.

Madame...

EURIDICE.

Aprés cela, Seigneur, je me retire,
Et s'il vous reſte encor quelque choſe à me dire,
Pour éviter l'éclat d'un orgueil imprudent,
Je vous laiſſe achever avec mon Confident.

SCENE III.

PACORUS, SURENA.

PACORUS.

SUréna, je me plains, & j'ay lieu de me plaindre.

SURENA.

De moy, Seigneur?

PACORUS.

De vous. Il n'eſt plus temps de feindre;
Malgré tous vos détours on ſçait la vérité,
Et j'attendois de vous plus de ſincérité,
Moy qui mettois en vous ma confiance entiére,
Et ne voulois ſouffrir aucune autre lumiére.
L'amour dans ſa prudence eſt toujous indiſcret,
A force de ſe taire il trahit ſon ſecret,
Le ſoin de le cacher découvre ce qu'il cache,
Et ſon ſilence dit tout ce qu'il craint qu'on ſcache.
Ne cachez plus le voſtre, il eſt connu de tous,
Et toute voſtre adreſſe a parlé contre vous.

SURENA

Puiſque vous vous plaignez, la plainte eſt légitime,
Seigneur, mais aprés tout, j'ignore encor mon crime.

PACORUS.

Vous refuſez Mandane avec tant de reſpect,
Qu'il eſt trop raiſonné pour n'eſtre point ſuſpect.
Avant qu'on vous l'offriſt, vos raiſons eſtoient preſtes,
Et jamais on n'a veu de refus plus honneſtes.
Mais ces honneſterez ne font pas moins rougir;
Il falloit tout promettre, & la laiſſer agir,
Il falloit eſpérer de ſon orgueil ſévére
Un juſte deſaveu des Volontez d'un pére,
Et l'aigrir par des vœux ſi froids, ſi mal conceus,
Qu'elle uſurpaſt ſur vous la gloire du refus.

Vous

Vous avez mieux aimé tenter un artifice
Qui peust mettre Palmis où doit estre Euridice,
En me donnant le change attirer mon couroux,
Et montrer quel objet vous réservez pour vous.
Mais vous auriez mieux fait d'appliquer tant d'adresse
A remettre au devoir l'esprit de la Princesse,
Vous en avez eu l'ordre, & j'en suis plus haï,
C'est pour un bon Sujet avoir bien obey.

SURENA.

Je le voy bien, Seigneur, qu'on m'aime, qu'on vous aime,
Qu'on ne vous aime pas, que je n'aime pas mesme,
Tout m'est conté pour crime, & je dois seul au Roy
Répondre de Palmis, d'Euridice, & de moy,
Comme si je pouvois sur une ame enflâmée
Ce qu'on me voit pouvoir sur tout un corps d'Armée,
Et qu'un cœur ne fust pas plus pénible à tourner,
Que les Romains à vaincre, ou qu'un sceptre à donner.
Sans faire un nouveau crime oseray-je vous dire
Que l'empire des cœurs n'est pas de vostre Empire,
Et que l'amour jaloux de son authorité
Ne reconnoit ny Roy, ny Souveraineté ?
Il hait tous les emplois où la force l'appelle,
Dés qu'on le violente, on en fait un rebelle,
Et je suis criminel de ne pas triompher,
Quand vous-mesme, Seigneur, ne pouvez l'étouffer !
Changez-en par vostre ordre à tel point le caprice,
Qu'Euridice vous aime, & Palmis vous haïsse,
Ou rendez vostre cœur à vos loix si soumis,
Qu'il dédaigne Euridice, & retourne à Palmis;
Tout ce que vous pourrez, ou sur vous, ou sur elles,
Rendra mes actions d'autant plus criminelles:
Mais sur elles, sur vous, si vous ne pouvez rien,
Des crimes de l'amour ne faites plus le mien.

PACORUS.

Je pardonne à l'amour les crimes qu'il fait faire,
Mais je n'excuse point ceux qu'il s'obstine à taire,
Qui cachez avec soin se commettent long-temps,
Et tiennent prés des Rois de secrets mécontents.
Un Sujet qui se voit le rival de son Maistre,
Quelque étude qu'il perde à ne le point paroistre,
Ne pousse aucun soupir sans faire un attentat,
Et d'un crime d'amour il en fait un d'Etat.
Il a besoin de grace, & sur tout quand on l'aime,
Jusqu'à se révolter contre le Diadéme,
Jusqu'à servir d'obstacle au bonheur général.

SURENA.

Ouy, mais quand de son maistre on luy fait un rival,
Qu'il aimoit le prémier, qu'en dépit de sa flame
Il céde, aimé qu'il est, ce qu'adore son ame,
Qu'il renonce à l'espoir, dédit sa passion,
Est-il digne de grace, ou de compassion?

PACORUS.

Qui céde ce qu'il aime est digne qu'on le loüe,
Mais il ne céde rien quand on l'en desavoüe,
Et les illusions d'un si faux compliment
Ne méritent qu'un long & vray ressentiment.

SURENA.

Tout-à-l'heure, Seigneur, vous me parliez de grace,
Et déja vous passez jusques à la menace!
La grace est aux grands cœurs honteuse à recevoir,
La menace n'a rien qui les puisse émouvoir.
Tandis que hors des murs ma Suite est dispersée,
Que la Garde au dedans par Sillace est placée,
Que le Peuple s'attend à me voir arréter,
Si quelqu'un en a l'ordre, il peut l'éxécuter.
Qu'on veuille mon épée, ou qu'on veuille ma teste,
Dites un mot, Seigneur, & l'une & l'autre est preste,
Je n'ay goutte de sang qui ne soit à mon Roy,

Et

Et si l'on m'ose perdre, il perdra plus que moy.
J'ay vécu pour ma gloire autant qu'il falloit vivre
Et laisse un grand éxemple à qui pourra me suivre;
Mais si vous me livrez à vos chagrins jaloux,
Je n'auray pas peut-estre assez vécu pour vous.

PACORUS.

Suréna, mes pareils n'aiment point ces maniéres.
Ce sont fausses vertus que des vertus si fiéres.
Aprés tant de hauts faits, & d'exploits signalez,
Le Roy ne peut douter de ce que vous valez,
Il ne veut point vous perdre, épargnez vous la peine
D'attirer sa colére, & mériter ma haine:
Donnez à vos égaux l'éxemple d'obéïr,
Plûtost que d'un amour qui cherche à vous trahir.
Il sied bien aux grands cœurs de paroistre intrépides,
De donner à l'orgueil plus qu'aux vertus solides,
Mais souvent ces grands cœurs n'en font que mieux leur Cour,
A paroistre au besoin maistres de leur amour.
Recevez cet avis d'une amitié fidelle,
Ce soir la Reine arrive, & Mandane avec elle.
Je ne demande point le secret de vos feux,
Mais songez bien qu'un Roy quand il dit, *je le veux*.
Adieu, ce mot suffit, & vous devez m'entendre.

SURENA.

Je fais plus, je prévoy ce que j'en dois attendre,
Je l'attens sans frayeur, & quel qu'en soit le cours,
J'auray soin de ma gloire, ordonnez de mes jours.

Fin du quatriéme Acte.

ACTE V.

SCENE I.

ORODE, EURIDICE.

ORODE.

Ne me l'avoüez point, en cette conjoncture
Le soupçon m'est plus doux que la vérité seure,
L'obscurité m'en plaist, & j'aime à n'écouter
Que ce qui laisse encor liberté d'en douter.
Cependant par mon ordre on a mis garde aux Portes,
Et d'un Amant suspect dispersé les escortes,
De crainte qu'un aveugle & fol emportement
N'allast, & malgré vous, jusqu'à l'enlévement.
La vertu la plus haute alors céde à la force,
Et pour deux cœurs unis l'amour a tant d'amorce,
Que le plus grand couroux qu'on voye y succéder
N'aspire qu'aux douceurs de se racommoder.
Il n'est que trop aisé de juger quelle suite
Exigeroit de moy l'éclat de cette fuite,
Et pour n'en pas venir à ces extrémitez,
Que vous l'aimiez, ou non, j'ay pris mes seuretez.

EURIDICE.

A ces précautions je suis trop redévable,
Une prudence moindre en seroit incapable,
Seigneur, mais dans le doute où vostre esprit se plaist,
Si j'ose en ce Héros prendre quelque interest,
Son sort est plus douteux que vostre incertitude,
Et j'ay lieu plus que vous d'estre en inquiétude.
Je ne vous répons point sur cet enlévement,
Mon devoir, ma fierté, tout en moy le dément.
La plus haute vertu peut céder à la force,
Je le sçay, de l'amour je sçay quelle est l'amorce,

Mais

Mais contre tous les deux l'orgueil peut secourir,
Et rien n'en est à craindre alors qu'on sçait mourir.
Je ne seray qu'au Prince,

ORODE.

Oüy, mais à quand, Madame,
A quand cet heureux jour, que de toute son ame...

EURIDICE.

Il se vérroit, Seigneur, dés ce soir mon époux,
S'il n'eust point voulu voir dans mon cœur plus que vous.
Sa curiosité s'est trop embarrassée
D'un point dont il devoit éloigner sa pensée;
Il sçait que j'aime ailleurs, & l'a voulu sçavoir,
Pour peine, il attendra l'effort de mon devoir.

ORODE.

Les delais les plus longs, Madame, ont quelque terme.

EURIDICE.

Le devoir vient à bout de l'amour le plus ferme,
Les grands cœurs ont vers luy des retours éclatants,
Et quand on veut se vaincre, il y faut peu de temps.
Un jonr y peut beaucoup, une heure y peut suffire,
Un de ces bons moments qu'un cœur n'ose en dédire.
S'il ne suit pas toujours nos souhaits, & nos soins;
Il arrive souvent quand on l'attend le moins.
Mais je ne promets pas de m'y rendre facile,
Seigneur, tant que j'auray l'ame si peu tranquille,
Et je ne livreray mon cœur qu'à mes ennuis,
Tant qu'on me laissera dans l'alarme où je suis.

ORODE.

Le sort de Suréna vous met donc en alarme?

EURIDICE.

Je voy ce que pour tous ses vertus ont de charme,
Et puis craindre pour luy ce qu'on voit craindre à tous
Ou d'un maistre en colére, ou d'un rival jaloux.
Ce n'est point toutefois l'amour qui m'intéresse,

C'est, je crains encor plus que ce mot ne vous blesse.
Et qu'il ne vaille mieux s'en tenir à l'amour,
Que d'en mettre, & si tost, le vray sujet au jour.

ORODE.

Non, Madame, parlez, montrez toutes vos craintes.
Puisje sans les connoistre en guérir les atteintes,
Et dans l'épaisse nuit où vous vous retranchez,
Choisir le vray remède aux maux que vous cachez ?

EURIDICE.

Mais si je vous disois que j'ay droit d'estre en peine
Pour un trosne, où je dois un jour monter en Reine,
Que perdre Suréna, c'est livrer aux Romains
Un sceptre que son bras a rémis en vos mains,
Que c'est ressusciter l'orgueil de Mithradate,
Exposer avec vous Pacorus & Phradate,
Que je crains que sa mort, enlévant vostre appuy,
Vous renvoye à l'exil où vous seriez sans luy ?
Seigneur, ce seroit estre un peu trop téméraire,
J'ay dû le dire au Prince, & je doy vous le taire,
J'en doy craindre un trop long & trop juste couroux,
Et l'amour trouvéra plus de grace chez vous.

ORODE.

Mais, Madame, est-ce à vous d'estre si Politique ?
Qui peut se taire ainsi, voyons comme il s'explique.
Si vostre Suréna m'a rendu mes Etats,
Me les a-t-il rendus pour ne m'obéir pas ?
Et trouvez-vous par là sa valeur bien fondée
A ne m'estimer plus son maistre qu'en idée,
A vouloir qu'à ses loix j'obéisse à mon tour ?
Ce discours iroit loin, revenons à l'amour,
Madame, & s'il est vray qu'enfin...

EURIDICE.

Laissez m'en faire,
Seigneur, je me vaincray, j'y tasche, je l'espére,
J'ose dire encor plus, je m'en fais une loy,
Mais je veux que le temps en dépende de moy.

ORODE.

C'est bien parler en Reine, & j'aime assez, Madame,
L'im-

L'impetüosité de cette grandeur d'ame;
Cette noble fierté que rien ne peut dompter
Remplira bien ce throsne où vous devez monter.
Donnez-moy donc en Reine un ordre que je suive.
Phradate est arrivé, ce soir Mandane arrive;
Ils sçauront quels respects a montrez pour sa main
Cet intrépide effroy de l'Empire Romain,
Mandane en rougira le voyant auprés d'elle,
Phradate est violent & prendra sa querelle.
Prés d'un esprit si chaud & si fort emporté
Suréna dans ma Cour est-il en seureté?
Puis-je vous en répondre à moins qu'il se retire?

EURIDICE.

Bannir de vostre Cour l'honneur de vostre Empire!
Vous le pouvez, Seigneur, & vous étes son Roy,
Mais je ne puis souffrir qu'il soit banny pour moy.
Car enfin les couleurs ne font rien à la chose,
Sous un prétexte faux je n'en suis pas moins cause,
Et qui craint pour Mandane un peu trop de rougeur
Ne craint pour Suréna que le fond de mon cœur.
Qu'il parte, il vous déplaist, faites vous-en justice,
Punissez, éxilez, il faut qu'il obéisse.
Pour remplir mes devoirs j'attendray son retour,
Seigneur, & jusque-là, point d'Hymen, ny d'amour.

ORODE.

Vous pourriez épouser le Prince en sa presence?

EURIDICE.

Je ne sçay, mais enfin je hay la violence.

ORODE.

Empeschez-là, Madame, en vous donnant à nous,
Ou faites qu'à Mandane il s'offre pour époux.
Cet ordre éxécuté, mon ame satisfaite
Pour ce Héros si cher ne veut plus de retraite.
Qu'on le fasse venir. Modérez vos hauteurs,
L'orgueil n'est pas toujours la marque des grands cœurs.

Il me faut un Hymen. Choiſſiſſez l'un ou l'autre,
Ou luy dites Adieu, pour le moins, juſqu'au voſtre.

EURIDICE.

Je ſçay tenir, Seigneur, tout ce que je promets,
Et promettrois en vain de ne le voir jamais,
Moy qui ſçay que bien-toſt la guerre rallumée
Le rendra pour le moins néceſſaire à l'Armée.

ORODE.

Nous ferons voir, Madame, en cette extrémité
Comme il faut obéir à la néceſſité,
Je vous laiſſe avec luy.

SCENE II.

EURIDICE, SURENA.

EURIDICE.

Seigneur, le Roy condamne
Ma main à Pacorus, ou la voſtre à Mandane,
Le réfus n'en ſçauroit demeurer impuny,
Il luy faut l'une ou l'autre, où vous eſtes banny.

SURENA.

Madame, ce réfus n'eſt point vers luy mon crime;
Vous m'aimez, ce n'eſt point non plus ce qui l'anime,
Mon crime véritable eſt d'avoir aujourd'huy
Plus de nom que mon Roy, plus de vertu que luy,
Et c'eſt de là que part cette ſecrette haine
Que le temps ne rendra que plus forte, & plus pleine.
Plus on ſert des ingrats, plus on s'en fait haïr,
Tout ce qu'on fait pour eux ne fait que nous trahir,
Mon viſage l'offenſe, & ma gloire le bleſſe,
Juſqu'au fond de mon ame il cherche une baſſeſſe,
Et taſche à s'ériger par l'offre, ou par la peur,
De Roy que je l'ay fait, en tyran de mon cœur,
Comme ſi par ſes dons il pouvoit me ſéduire,
Ou qu'il peuſt m'accabler, & ne ſe point détruire.

Je

Je luy dois en Sujet tout mon ſang, tout mon bien,
Mais ſi je luy dois tout, mon cœur ne luy doit rien,
Et n'en reçoit de loix que comme autant d'outrages,
Comme autant d'attentats ſur de plus doux hommages.
Cependant pour jamais il faut nous ſéparer,
Madame.

EURIDICE.

Cet éxil pourroit toujours durer?

SURENA.

En vain pour mes pareils leur vertu ſollicite,
Jamais un envieux ne pardonne au mérite.
Cet éxil toutefois n'eſt pas un long malheur,
Et je n'iray pas loin ſans mourir de douleur.

EURIDICE.

Ah, craignez de m'en voir aſſez perſüadée
Pour mourir avant vous de cette ſeule idée,
Vivez, ſi vous m'aimez.

SURENA.

Je vivrois pour ſçavoir
Que vous aurez enfin remply voſtre devoir,
Que d'un cœur tout à moy, que de voſtre perſonne
Pacorus ſera maiſtre, ou plûtoſt ſa couronne?
Ce penſer m'aſſaſſine, & je cours de ce pas
Beaucoup moins à l'éxil, Madame, qu'au trépas.

EURIDICE.

Que le Ciel n'a-t'il mis en ma main & la voſtre,
Ou de n'eſtre à perſonne, ou d'eſtre l'un à l'autre?

SURENA.

Falloit-il que l'amour viſt l'inégalité
Vous abandonner toute aux rigueurs d'un Traité?

EURIDICE.

Cette inégalité me ſouffroit l'eſpérance.
Voſtre nom, vos vertus valoient bien ma naiſſance,
Et Craſſus a rendu plus digne encor de moy
Un Héros dont le zéle a rétably ſon Roy.
Dans les maux où j'ay veu l'Arménie expoſée,

Mon

Mon pays désolé m'a seul tyrannisée,
Esclave de l'Etat, victime de la paix,
Je m'étois répondu de vaincre mes souhaits,
Sans songer qu'un amour comme le nostre extréme
S'y rend inéxorable aux yeux de ce qu'on aime.
Pour le bonheur public j'ay promis, mais, hélas !
Quand j'ay promis, Seigneur, je ne vous voyois pas.
Vostre rencontre icy m'ayant fait voir ma faute,
Je différe à donner le bien que je vous oste,
Et l'unique bonheur que j'y puis espérer
C'est de toujours promettre, & toujours différer.

SURENA.

Que je serois heureux, mais, qu'osay-je vous dire ?
L'indigne & vain bonheur ou mon amour aspire !
Fermez les yeux aux maux ou l'on me fait courir,
Songez à vivre heureuse, & me laissez mourir.
Un trosne vous attend, le prémier de la Terre,
Un trosne où l'on ne craint que l'éclat du tonnerre,
Qui régle le destin du reste des Humains,
Et jusque dans leurs murs alarme les Romains.

EURIDICE.

J'envisage ce trosne & tous ses avantages,
Et je n'y voy par tout, Seigneur, que vos ouvrages ;
Sa gloire ne me peint que celle de mes fers,
Et dans ce qui m'attend je voy ce que je perds.
Ah Seigneur !

SURENA.

Epargnez la douleur qui me presse,
Ne la ravalez point jusques à la tendresse,
Et laissez-moy partir dans cette fermeté,
Qui fait de tels jaloux, & qui m'a tant couté.

EURIDICE.

Partez, puisqu'il le faut, avec ce grand courage
Qui mérita mon cœur, & donne tant d'ombrage.
Je suivray vostre éxemple, & vous n'aurez point lieu...

Mais j'aperçoy Palmis qui vient vous dire Adieu,
Et je puis en dépit de tout ce qui me tuë
Quelques moments encor joüer de vostre veuë.

SCENE. III.

EURIDICE, SURENA, PALMIS.

PALMIS.

On dit qu'on vous éxile à moins que d'épouser,
Seigneur, ce que le Roy daigne vous proposer.

SURENA.

Non, mais jusqu'à l'Hymen que Pacorus souhaite
Il m'ordonne chez moy quelques jours de retraite.

PALMIS.

Et vous partez?

SURENA.

Je pars.

PALMIS.

Et malgré son couroux
Vous avez seureté d'aller jusque chez vous?
Vous étes à couvert des périls dont menace
Les gens de vostre sorte une telle disgrace?
Et s'il faut dire tout, sur de si longs chemins
Il n'est point de poisons, il n'est point d'assassins?

SURENA.

Le Roy n'a pas encor oublié mes services,
Pour commencer par moy de telles injustices,
Il est trop généreux pour perdre son appuy.

PALMIS.

S'il l'est, tous vos jaloux le sont-ils comme luy?
Est-il aucun flateur, Seigneur, qui luy refuse
De luy préter un crime, & luy faire une excuse?
En est-il que l'espoir d'en faire mieux sa Cour
N'expose sans scrupule à ces couroux d'un jour,
Ces couroux qu'on affecte, alors qu'on desavouë
De lasches coups d'Etat dont en l'ame on se louë,

Et qu'une abſence élude attendant le moment
Qui laiſſe évanoïr ce faux reſſentiment.

SURENA.

Ces couroux affectez, que l'artifice donne,
Font ſouvent trop de bruit pour abuſer perſonne.
Si ma mort plaiſt au Roy, s'il la veut toſt, ou tard,
J'aime mieux qu'elle ſoit un crime qu'un hazard;
Qu'aucun ne l'attribue à cette loy commune
Qu'impoſe la Nature & régle la Fortune;
Que ſon perfide autheur, bien qu'il cache ſa main,
Devienne abominable à tout le genre humain;
Et qu'il en naiſſe enfin des haines immortelles,
Qui de tous ſes Sujets luy faſſent des rebelles.

PALMIS.

Je veux que la vengeance aille à ſon plus haut point;
Les morts les mieux vengez ne reſſuſcitent point,
Et de tout l'Univers la fureur éclatante
En conſoleroit mal, & la ſœur, & l'Amante.

SURENA.

Que faire donc, ma ſœur?

PALMIS.

Voſtre azile eſt ouvert.

SURENA.

Quel azile?

PALMIS.

L'Hymen qui vous vient d'eſtre offert.
Vos jours en ſeureté dans les bras de Mandane,
Sans plus rien craindre...

SURENA.

Et c'eſt ma ſœur qui m'y condamne,
C'eſt elle qui m'ordonne avec tranquillité
Aux yeux de ma Princeſſe une infidelité!

PALMIS.

Lors que d'aucun eſpoir noſtre ardeur n'eſt ſuivie,
Doit-on eſtre fidelle aux dépens de ſa vie?
Mais vous ne m'aidez point à le perſüader,

Vous qui d'un ſeul regard pourriez tout decider.
Madame ! ſes périls ont-ils dequoy vous plaire ?

EURIDICE.

Je croy faire beaucoup, Madame, de me taire,
Et tandis qu'à mes yeux vous donnez tout mon bien,
C'eſt tout ce que je puis que de ne dire rien.
Forcez-le, s'il ſe peut, au nœud que je déteſte ;
Je vous laiſſe en parler, diſpenſez-moy du reſte,
Je n'y mets point d'obſtacle, & mon eſprit confus...
C'eſt m'expliquer aſſez, n'éxigez rien de plus.

SURENA.

Quoy, vous-vous figurez que l'heureux nom de gendre,
Si ma perte eſt jurée, a dequoy m'en défendre,
Quand malgré la Nature, en dépit de ſes loix,
Le parricide a fait la moitié de nos Rois ?
Qu'un frére pour regner ſe baigne au ſang d'un frére ?
Qu'un fils impatient prévient la mort d'un pére ?
Noſtre Orode luy-meſme où ſeroit-ils ſans moy ?
Mithradate pour luy montroit-il plus de foy ?
Croyez-vous Pacorus bien plus ſeur de Phradate ?
J'en connoy mal le cœur, ſi bientoſt il n'éclate,
Et ſi de ce haut rang, que j'ay veu éblouyr,
Son pére & ſon aiſné peuvent long-temps jouyr.
Je n'auray plus de bras alors pour leur défenſe,
Car enfin mes refus ne font pas mon offenſe,
Mon vray crime eſt ma gloire, & non pas mon amour,
Je l'ay dit, avec elle il croiſtra chaque jour.
Plus je les ſerviray, plus je ſeray coupable,
Et s'ils veulent ma mort, elle eſt inévitable.
Chaque inſtant que l'Hymen pourroit la reculer
Ne les attacheroit qu'à mieux diſſimuler,
Qu'à rendre ſous l'appas d'une amitié tranquille
L'attentat plus ſecret, plus noir & plus facile.
Ainſi dans ce grand nœud chercher ma ſeureté

C'eſt

C'eſt inutilement faire une laſcheté,
Souiller en vain mon nom, & vouloir qu'on m'impute
D'avoir enſévely ma gloire ſous ma cheute.
Mais Dieux, ſe pourroit-il qu'ayant ſi bien ſervy
Par l'ordre de mon Roy le jour me fuſt ravy ?
Non, non, c'eſt d'un autre œil qu'Orode me regarde,
Vous le voyez, ma ſœur, je n'ay pas meſme un Garde,
Je ſuis libre.

PALMIS.

Et j'en crains d'autant plus ſon couroux;
S'il vous faiſoit garder, il répondroit de vous.
Mais pouvez-vous, Seigneur, réjoindre voſtre Suite?
Etes vous libre aſſez pour choiſir une fuite?
Garde-t-on chaque porte à moins d'un grand deſſein?
Pour en rompre l'effet, il ne faut qu'une main.
Par toute l'amitié que le ſang doit attendre,
Par tout ce que l'amour a pour vous de plus tendre..

SURENA.

La tendreſſe n'eſt point de l'amour d'un Héros,
Il eſt honteux pour luy d'écouter des ſanglots,
Et parmy la douceur des plus illuſtres flâmes,
Un peu de dureté ſied bien aux grandes ames.

PALMIS.

Quoy! vous pourriez...

SURENA.

Adieu, le trouble où je vous voy
Me fait vous craindre plus que je ne crains le Roy.

SCENE IV.

EURIDICE, PALMIS.

PALMIS.

IL court à ſon trépas & vous en ſerez cauſe,
A moins que voſtre amour à ſon départ s'oppoſe;
J'ay perdu mes ſoûpirs, & j'y perdrois mes pas:
Mais

Mais il vous en croira, vous ne les perdrez pas,
Ne luy refusez point un mot qui le retienne,
Madame.

EURIDICE.

S'il périt, ma mort suivra la sienne.

PALMIS.

Je puis en dire autant, mais ce n'est pas assez,
Vous avez tant d'amour, Madame, & balancez!

EURIDICE.

Est-ce le mal aimer que de le vouloir suivre?

PALMIS.

C'est un excés d'amour qui ne fait point revivre,
Dequoy luy servira nostre mortel ennuy?
Dequoy nous servira de mourir aprés luy?

EURIDICE.

Vous vous alarmez trop, le Roy dans sa colére
Ne parle....

PALMIS.

Vous dit-il tout ce qu'il prétend faire?
D'un trosne où ce Héros a sçeu le replacer,
S'il en veut à ses jours, l'ose-t-il prononcer?
Le pourroit-il sans honte & pourrez vous attendre?
A prendre soin de luy, qu'il soit trop tard d'en prendre?
N'y perdez aucun temps, partez, que tardez-vous-
Peut-estre en ce moment on le perce de coups,
Peut-estre..

EURIDICE.

Que d'horreurs vous me jettez dans l'ame!

PALMIS.

Quoy? vous n'y courez pas!

EURIDICE.

Et le puis-je, Madame?
Donner ce qu'on adore à ce qu'on veut haïr,
Quel amour jusque-là put jamais se trahir?
Sçavez-vous qu'à Mandane envoyer ce que j'aime
C'est de ma propre main m'assassiner moy-mesme?

PAL-

PALMIS.

Sçavez-vous qu'il le faut, ou que vous le perdez ?

SCENE V.

EURIDICE, PALMIS, ORMENE.

EURIDICE.

JE n'y résiste plus, vous me le défendez.
Orméne vient à nous, & luy peut aller dire
Qu'il épouse... Achevez tandis que je soupire.

PALMIS.

Elle vient toute en pleurs!

ORMENE.

Qu'il vous en va couter!
Et que pour Suréna...?

PALMIS.

L'a-t-on fait arréter ?

ORMENE.

A peine du Palais il sortoit dans la ruë,
Qu'une fléche a party d'une main inconnuë,
Deux autres l'ont suivie, & j'ay veu ce vainqueur,
Comme si toutes trois l'avoient atteint au cœur,
Dans un ruisseau de sang tomber mort sur la place.

EURIDICE.

Helas!

ORMENE.

Songez à vous, la suite vous menace,
Et je pense avoir mesme entendu quelque voix
Nous crier qu'on apprist à dédaigner les Rois.

PALMIS.

Prince ingrat, lasche Roy! Que fais tu du Tonnerre
Ciel, si tu daignes voir ce qu'on fait sur la Terre,
Et pour qui gardes tu tes carreaux embrasez,
Si de pareils Tyrans n'en sont point écrasez ?
Et vous, Madame, & vous, dont l'amour inutile
Dont l'intrépide orgueil paroist encor tranquille,
Vous qui bruslant pour luy, sans vous déterminer,

Ne

Ne l'avez tant aimé que pour l'aſſaſſiner ;
Allez d'un tel amour, allez voir tout l'ouvrage,
En recueillir le fruit, en gouſter l'avantage.
Quoy! vous cauſez ſa perte, & n'avez point de pleurs?

EURIDICE.

Non, je ne pleure point, Madame, mais je meurs,
Orméne, ſoûtien moy.

ORMENE.

Que dites-vous, Madame;

EURIDICE.

Généreux Suréna, reçoy toute mon ame.

ORMENE.

Emportons-la d'icy pour la mieux ſecourir.

PALMIS.

Suſpendez ces douleurs qui preſſent de mourir,
Grands Dieux, & dans les maux où vous m'avez plongée
Ne ſouffrez point ma mort que je ne ſois véngée.

Fin du cinquiéme & dernier Acte.

www.ingramcontent.com/pod-product-compliance
Lightning Source LLC
LaVergne TN
LVHW012359220826
846092LV00002B/567

* 9 7 8 2 3 2 9 6 9 2 4 0 1 *